신문이 보이고 뉴스가 들리는 ⑩
재미있는
미래 과학 이야기

신문이 보이고 뉴스가 들리는 ❿
재미있는 **미래 과학 이야기**

개정판 1쇄 발행 | 2013년 12월 10일
개정판 10쇄 발행 | 2023년 5월 3일

지 은 이 | 김수병
그 린 이 | 유남영

펴 낸 곳 | (주)가나문화콘텐츠
펴 낸 이 | 김남전
편 집 장 | 유다형
편   집 | 김아영
디 자 인 | 양란희
마 케 팅 | 정상원 한웅 김건우
관   리 | 임종열 김다운

출 판 등 록 | 2002년 2월 15일 제10-2308호
주   소 | 경기도 고양시 덕양구 호원길 3-2
전   화 | 02-717-5494(편집부) 02-332-7755(관리부)
팩   스 | 02-324-9944
홈 페 이 지 | www.ganapub.com
이 메 일 | ganapub@naver.com

ISBN 978-89-5736-585-4 (74500)

*책값은 뒤표지에 표시되어 있습니다.
*이 책의 내용을 재사용하려면 반드시 저작권자와 (주)가나문화콘텐츠 양측의 동의를 얻어야 합니다.
*잘못된 책은 구입하신 서점에서 바꾸어 드립니다.

*'가나출판사'는 (주)가나문화콘텐츠의 출판 브랜드입니다.

「이 도서의 국립중앙도서관 출판시도서목록(CIP)은 서지정보유통지원시스템 홈페이지(http://seoji.nl.go.kr)와
국가자료공동목록시스템(http://www.nl.go.kr/kolisnet)에서 이용하실 수 있습니다.(CIP제어번호: CIP2013021721)」

• 제조자명 : (주)가나문화콘텐츠
• 주소 및 전화번호 : 경기도 고양시 덕양구 호원길 3-2 / 02-717-5494
• 제조연월 : 2023년 5월 3일
• 제조국명 : 대한민국
• 사용연령 : 4세 이상 어린이 제품

신문이 보이고 뉴스가 들리는 재미있는 미래 과학 이야기

10

글 김수병 | 그림 유남영
추천 이광형(카이스트 미래산업 석좌교수)

가나출판사

| 머 리 말 |

미래 과학의 세계로 함께 떠나요

    우리는 지구라는 별에 잠시 여행을 온 여행자예요. 그런데 여행자들이 너무 많았기 때문인지 요즘 지구가 나날이 병들어 가고 있다고 해요. 미래의 후손들이 살아갈 지구가 너무 많이 아프면 안 되겠지요. 우리가 제대로 몰랐던 인간과 지구에 대해 깊은 관심을 기울여야만 우리가 원하는 미래 사회를 만들 수 있어요.

    미래 사회는 우리에게 어떤 모습으로 다가올까요? 어떤 사람은 꿈과 희망을 실현하는 찬란한 미래를 예상하기도 하고, 또 다른 사람은 위기가 끊이지 않는 암울한 미래를 떠올리기도 해요. 그것은 우리가 살아가는 모습에 따라 결정될 게 틀림없어요. 그러므로 인간과 지구의 공존을 추구하는 마음이 중요하답니다.

    《재미있는 미래 과학 이야기》는 미래 사회의 빛과 그림자를 함께 다뤄 보려고 했어요. 하지만 모든 것을 재미있게 설명하기에는 어려움이 있었어요. 미래 과학에 대한 '생각거리'를 살펴보며 여러분의 관점에서 첨단 과학 기술의 겉과 속을 깊이 들여다보기를 기대합니다. 미래를 '맞이하기' 위해서가 아니라 미래를 '만들어 가기' 위해서 말이에요.

　이 책은 네 개의 장으로 이루어져 있어요. 생명 과학, 기술 과학, 정보 과학, 환경·에너지 과학 등인데 어느 것을 먼저 읽어도 괜찮아요. 각 주제에는 미래 사회의 시점에서 쓴 가상 뉴스가 먼저 나오고, 이어지는 본문에서는 현재의 연구와 개발에 관한 내용을 소개했어요. 관련된 영화와 용어 설명도 넣었지요. 각 장의 끝에는 논란이 되는 사안을 관계자들이 가상으로 설명하도록 했어요.

　미리 양해를 구할게요. 미래 세계로 안내하는 여행 가이드북으로는 부족한 점이 있을 거예요. 끊임없이 발전하는 과학 기술 수준을 따라잡기가 버겁고, 전혀 새로운 미래 과학도 나타날 테니까요. 다만 이 책을 읽는 여러분이 미래 세상에 대한 관심으로 인간과 지구를 사랑하는 마음을 갖게 되길 진심으로 기대합니다.

미래 과학을 이끌 이 책의 독자들을 응원하며
김수병

| 추 천 의 글 |

여러분의 20년 후를 상상해 보세요

　모든 사람은 '성공'을 바랍니다. 학생들은 가슴속에 간직한 불덩이 같은 '꿈'을 이루기를 바라고, 학부모들은 자녀들이 성공하기를 바라지요. 그러면 언제 성공하기를 바라는 걸까요? 내일? 내년? 아니에요. 30대 정도의 나이가 되었을 때를 생각할 거예요. 이 책을 읽는 학생들에게는 앞으로 20년 정도 후의 일이겠네요. 여러분은 지금 20년 후의 성공을 위하여 열심히 연마하고 있는 거예요.

　그렇다면 여러분은 성공을 바라는 20년 후를 생각하면서 준비하고 있나요? 20년 후인 2034년의 사회가 어떻게 변해 있을지 생각해 본 적이 있나요? 성공을 준비하는 사람이라면 대상 시점인 2034년을 한번쯤 그려 봐야 해요.

　20년 후의 세상을 상상해 보세요. 아마 쉽지 않을 거예요. 그렇다면 반대로 20년 전을 생각해 보세요. 지난 20년 동안 우리 사회는 많이 변했어요. 무엇이 그렇게 만들었을까요? 그것은 바로 과학 기술이에요. 정치와 경제, 문화도 우리 생활을 바꾸는 데에 영향을 미쳤지만, 과학 기술이야말로 우리 생활을 획기적으로 바꾸는 데에 가장 큰 역할을 한 주인공이에요. 대표적인 것이 바로 인터넷과 휴대 전화이지요. 이렇게 새로운 사회를 이끄는 것은 과학 기술이라고 할 수 있어요.

　미래도 마찬가지일 거예요. 미래를 바꾸는 가장 근원적인 것은 과학 기술이에요. 과학에서 출발한 제품이 산업을 바꾸고, 경제와 사회를 바꾸며, 다시 국력을 바꿉니다. 그리고 국력은 국방과 외교를 좌우하고, 정치의 기본 틀을 정하지요.

　첨단 과학을 이해하는 것은 미래의 청사진(그림)을 미리 보는 일이에요. 성공을 꿈꾸는 사람 중에서도, 미래를 보면서 준비하는 사람과 그렇지 않은 사람 사이에는 큰 차이가 있을 거예요. 이 책은 미래에 우리 생활을 이끌 과학 기술을 생명 과학, 기술 과학, 정보 과학, 환경·에너지 과학 등 다양한 측면에서 바라볼 수 있게 친절하게 도와줍니다.

　저는 20년 후의 미래를 내다보면서 준비할 거예요. 여러분도 이 책에서 보여 주는 미래의 그림을 보며 20년 후의 성공을 준비하길 바랍니다.

카이스트 미래산업 석좌교수
이광형

| 차 례 |

머리말 · 4

추천의 글 · 6

1장

생명 과학 이야기 · 12

1. **인공 자궁** | 인공 자궁에서 아기가 태어난다! · 14
2. **DNA 치료** | 맞춤형 치료로 자폐증 사라져 · 18
3. **식품 백신** | 에이즈 치료하는 바나나 등장! · 22
4. **GMO 식품** | 식물, 유전자 재조합해 공장에서 재배한다 · 26
5. **줄기세포** | 파킨슨병 환자를 일어나 걷게 한 것은? · 30
6. **기억 개선** | 약 한 알로 머리가 좋아진다? · 34
7. **노화 방지** | 100세가 되어도 청춘, 지금은 120세 시대! · 38
8. **인공 혈액** | 헌혈 버스가 사라졌어요! · 42
9. **이종 장기** | 사람에게 장기 공급해 주는 동물 화제 · 46
10. **냉동 인간** | 냉동 인간이 깨어난다 · 50
11. **인간 복제** | 인간의 정신을 다른 대상물로 옮긴다? · 54

사건으로 보는 미래 과학 | 구세주 아기, 부모와 친언니 고소! · 58

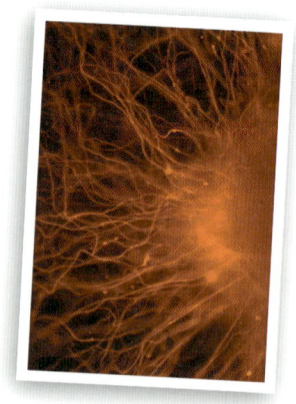

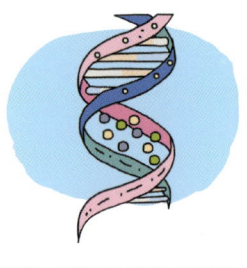

2장 기술 과학 이야기 · 60

1. **휴먼 로봇** | 로봇, 은행 털이범 잡다 · 62

2. **곤충 로봇** | 곤충 로봇, 인질극 해결의 '일등 공신' · 66

3. **사이보그** | 광컴퓨터를 이식받은 인조인간 '휴머드' 탄생 · 70

4. **바이오센서** | 살아 있는 세포로 만든 바이오센서로 암을 진단해요 · 74

5. **나노 기술** | 미세 입자가 어둠을 밝히다 · 78

6. **스카이 카** | 하늘을 나는 스카이 카 규제 강화 · 82

7. **원격 로봇** | 거실 안락의자에 앉아 검진과 수술까지 · 86

8. **플라스마** | 플라스마로 첨단을 열고 우주까지 간다 · 90

9. **3D 프린팅** | 3D 프린팅으로 복제한 무기, 사회 문제화 · 94

10. **우주여행** | 외나로도에서 우주로 떠난다 · 98

사건으로 보는 미래 과학 | 운전사 없이 도로를 달린다! · 102

3장 정보 과학 이야기 · 104

1. **전자 종이** | 전자 종이 하나면 등교 준비 끝 · 106
2. **첨단 유리** | 유리의 능력은 어디까지일까? · 110
3. **전자 섬유** | 전자전에 대비한 신형 전투복 지급 · 114
4. **인공 지능** | 인공 지능 로봇과 천재 소년의 '끝장 토론' 결과는? · 118
5. **스마트홈** | 스마트홈 도둑 조심하세요! · 122
6. **전자 사회** | 첨단 사회의 복병 '지능형 범죄' · 126
7. **스마트 더스트** | 자연 재해 막기 위해 전자 먼지가 앞장선다 · 130
8. **BMI 기술** | 오래된 생각을 사고판다고? · 134
9. **지각 컴퓨팅** | 말 잘하는 사람이면 누구나 아티스트 · 138
10. **사이버 전쟁** | 사이버 한일전 발발 코앞에 · 142

사건으로 보는 미래 과학 | 감시자 빅 브러더가 다시 나타났다! · 146

4장 환경·에너지 과학 이야기 · 148

1. **지구 온난화** | 유기농 채소 맛보기 어렵다 · 150
2. **대량 멸종** | 멸종의 기운이 인류를 위협한다 · 154
3. **생물 복원** | '복원 동물원'에서 매머드를 만나요 · 158
4. **인공 강우** | 태양 에너지 분산으로 비를 조절해요 · 162
5. **테라포밍** | 인공 지구, 10년의 결실을 맺다 · 166
6. **생물 연료** | 식물 광합성으로 전등 밝혀 · 170
7. **인조 석유** | 태양빛 모아 석탄을 물로 · 174
8. **연료 전지** | 화성 탐사 기술로 에너지 생산 · 178
9. **메탄 하이드레이트** | 독도 해저는 거대 에너지원 · 182
10. **수소 경제** | 수소 생산국, 국제기구 결성 · 186
11. **인공 태양** | 핵융합 실험로는 '에너지 해결사'? · 190

사건으로 보는 미래 과학 | 빌 게이츠, 꿈의 원자로 개발에 뛰어들다! · 194

사진 출처 · 196
찾아보기 · 197

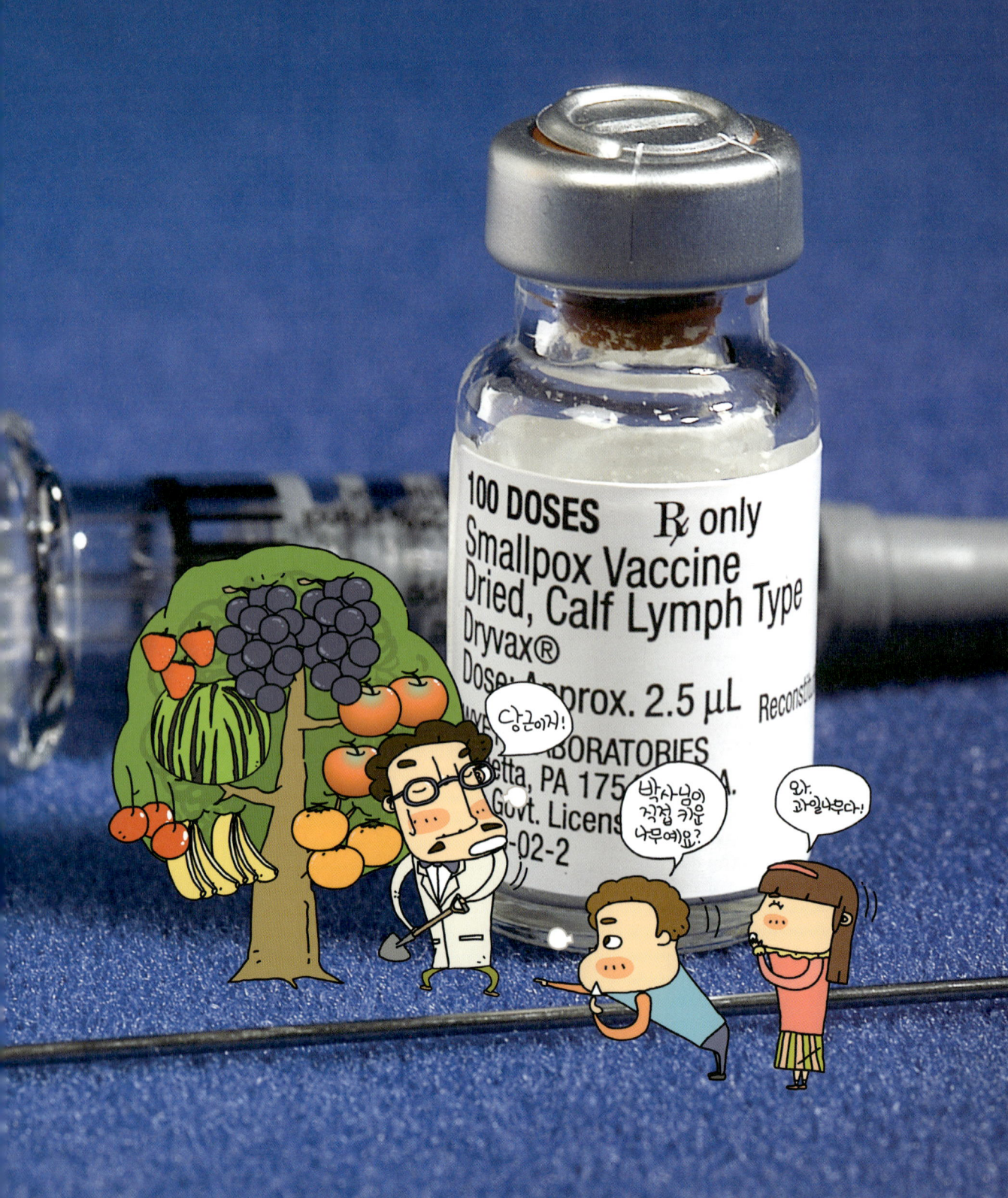

1장

생명 과학 이야기

사람이 태어나서 늙고 병들고 죽는 데 관련된 비밀들이 하나씩 풀리고 있어요. 생명 현상을 더 이상 신비롭지 않다고 여기기도 하지요. 아기를 만드는 기술은 놀라운 성취를 이루고, 노화를 막는다는 약물도 개발되고 있어요.
약 한 알로 대머리를 치료하고, 여러 질병을 예방할 것이라는 믿음도 생겼어요. 그런 세상이 정말로 우리 앞에 다가오는 것일까요? 유전자가 세상을 지배한다고 해요. 하지만 우리는 겨우 유전자의 구조를 이해했을 뿐이에요.
1장 생명 과학 이야기에서는 우리의 생명과 몸을 중심으로 미래의 첨단 과학 세상을 엿볼 거예요. 발전하는 의료 기술을 통해 다가오는 미래 세상을 예감하려는 것이지요. 건강하게 오래 살고 싶은 인간의 꿈이 어떻게 이루어질지 함께 살펴보아요.

•••• Future 📶　　　　　　　　　　　📍⏰ 85 % 🔋

✉ 2034-○○-○○

★ 미래뉴스 ★

세상을 보는 새로운 눈
생생한 상상 뉴스

인공 자궁에서 아기가 태어난다!

대한민국을 비롯한 미국, 영국 등 생명 공학 선진국들이 공동으로 참여한 바이오 휴먼 프로젝트 팀이 지난 8일 '인공 자궁' 개발에 성공했다고 발표했다. 이 프로젝트에 참여한 김장기 박사는 "생명 탄생을 인공적으로 재현할 장치를 개발했다."면서 "인간의 기술이 신의 영역에 접근했다."고 덧붙였다.

이번에 개발한 인공 자궁은 여성의 몸에서 추출한 세포로 만들었다. 이 기술을 이용하면 자궁에 손상을 입은 여성뿐만 아니라 출산의 고통을 피하려는 여성도 아기를 가질 수 있게 될 것으로 보인다.

그러나 인공 자궁은 아기를 갖지 못하는 이들에게는 매력적인 기술이지만 '기계적 인간'의 탄생은 생명 경시의 출발이 될 것이라는 지적도 있다.

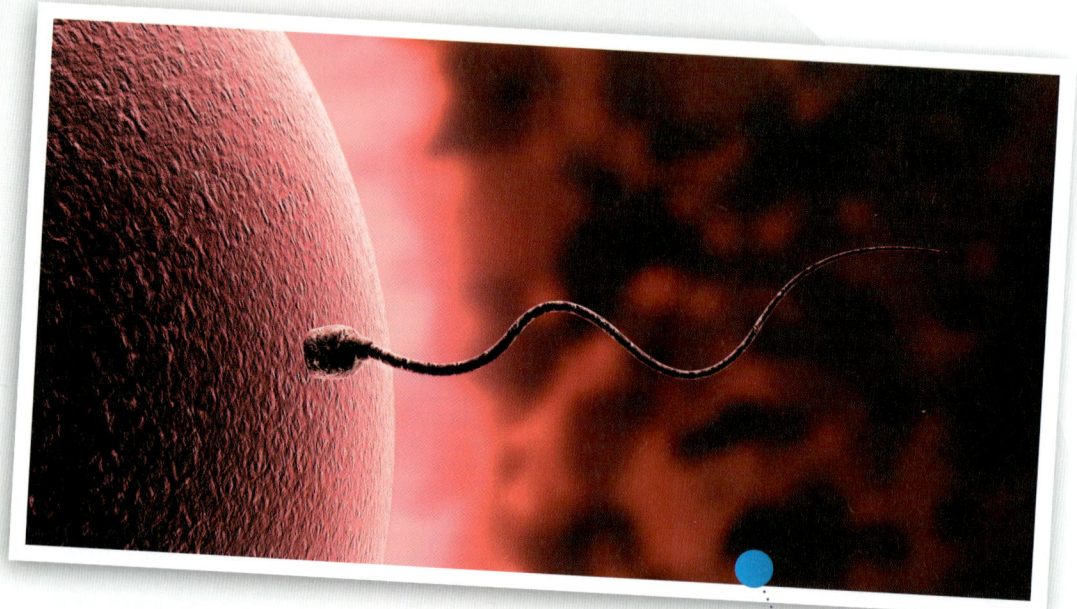

정자와 난자의 수정 장면

1 인공 자궁

생명의 탄생을 바라보면 누구나 신비로움을 느낄 거예요. 그러나 모든 사람이 아기의 아빠나 엄마가 되어 이 신비로움을 경험하는 것은 아니에요. 이 세상에는 아기를 갖고 싶어도 생기지 않아 낳을 수 없는 사람들도 많거든요.

자연적으로 임신이 되지 않는 이들이 마지막으로 찾는 방법이 인공 수정과 같은 보조 생식 기술이에요. 인공 수정은 정자와 난자를 사람이 직접 수정시켜 키우는 기술이에요.

예컨대 운동성이 떨어져 활발하게 움직이지 못하는 정자를 치료한 뒤 몸 밖에서 만든 수정란을 자궁에 넣는 거예요. 이때 집안 대대로 내려오는 병이 있으면 그 *유전자를 찾아 바로잡을 수도 있어요. 반대로 다른 사람에게서 뽑은 질 좋은 유전자를 넣을 수도 있지요. 심지어 유전자 조작 기술로 딸과 아들을 조절해서 낳을 수도 있답니다. 자신이 바라는 아기를 '맞춤형'으로 만드는 기술인 셈이지요.

> *유전자 : 생물이 부모에게 물려받는 특질을 결정하는 세포의 일부분이에요. 유전의 기본 단위이며 특정 염색체 위의 일정한 자리에 있어요. 유전자는 단백질의 구조를 결정하며 DNA와 RNA 등으로 이뤄졌어요.

아기를 '인공 자궁'에서 키우려는 연구도 이뤄지고 있어요. 인공 자궁은 아기를 몸 밖에서 키워서 낳는 장치예요. 그러나 아직은 실현되기가 어려워요. 엄마의 자궁은 늘어나고 줄어드는 과정을 되풀이하면서 아기가 자라기 좋은 환경을 만들며 키우는데, 기계인 인공 자궁은 그것이 어렵거든요. 하지만 과학 기술의 발달로 언젠가는 인공 자궁에서도 아기를 키울 수 있을 거예요. 인공 자궁이 본격적으로 활용되면 아이가 생기지 않는 이들에게 아이를 가질 수 있는 기회를 줄 수 있지요. 또한 미숙아들

 **쥬니어(Junior)**

과연 남자도 임신을 할 수 있을까요? 상상 속에서나 가능하다고요? 하지만 영화 〈쥬니어〉를 보면 가능하겠다고도 생각될 거예요.

한 여의사가 개발한 인공 수정체를 훔친 남자가 임신에 성공해요. 남자는 임산부와 같은 증상을 나타내며 나날이 배가 불러 오지요. 남자는 어떻게 될까요?

현실에서도 남자들이 임신을 체험할 수 있어요. 임신 체험복을 입으면 되지요. 임신 체험복은 무게가 13.6킬로그램이나 된다고 해요. 이 옷을 입으면 혈압이 오르고 숨 쉬기가 곤란해지는 등 임산부의 고통을 조금이나마 알 수 있답니다.

의 생존율을 높이고 장애가 생길 가능성을 낮출 수 있을 거라고 기대하는 사람들이 많아요.

그런데 인공 자궁에서 맞춤 아기로 태어나는 것이 마냥 좋은 일일까요? 인공 자궁은 태아와 모체의 교감이 어려워 정서발달에 부정적인 영향이 있을 수 있다는 지적이 있어요. 또한 비용이 많이 들기 때문에 돈이 많은 사람들만 이용하게 될 거라는 문제도 있고요.

인공 수정을 비롯한 보조 생식 기술에 대해서 반대하거나 걱정하는 사람도 많아요. 아무리 과학 기술이 발달해 생명이 만들어지는 원리를 안다고 해도 아기의 탄생을 기계에 맡겨서는 안 된다고 믿기 때문이에요. 그래서 과학자들은 생명의 소중함도 생각하면서 아기를 낳고 싶어 하는 사람들의 소원을 들어줄 다양한 방법을 연구하고 있답니다.

 Future

2034-○○-○○

★ 미래뉴스 ★

세상을 보는 새로운 눈
생생한 상상 뉴스

2 DNA 치료

맞춤형 치료로 자폐증 사라져

더 이상 지구상에 자폐증은 없다. 우리나라 생명 과학 기술의 본산이라 불리는 카이스트 유전자 센터에서 개인의 DNA를 분석해 신경 전달 회로의 문제를 해결할 수 있는 치료법을 개발했기 때문이다. 20세기 초만 하더라도 세계에서 100명 가운데 1명은 자폐증을 갖고 태어났다. 우리나라는 그 비율이 더 높아 100명 중 1.64명이었다.

개인의 유전 정보를 분석하는 기술은 획기적으로 발전하고 있다. 태어나기 전에 인공 자궁에서 유전적으로 이상이 있는 부분을 모두 고치는 것도 머지않아 가능하게 될 것이다. 센터에서는 질병마다 관련 유전자를 데이터베이스로 만들어 각각의 원인에 맞는 약물도 개발하고 있다. 질병 없는 세상을 향한 인류의 노력이 빛을 보고 있는 셈이다.

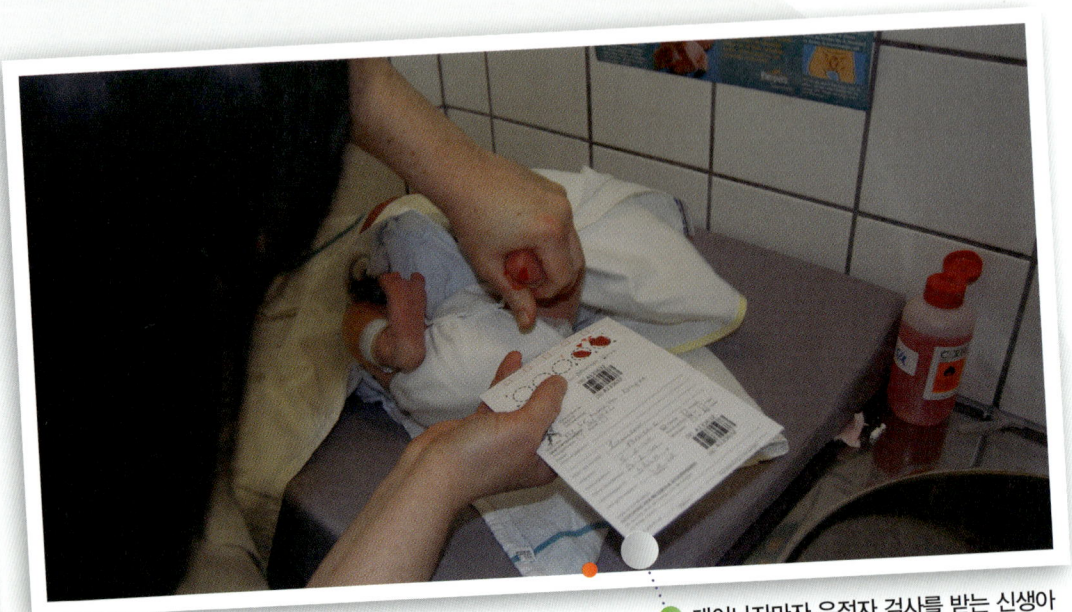

태어나자마자 유전자 검사를 받는 신생아

2 DNA 치료

오늘날 큰 산부인과 병원에서는 대부분 아기가 태어나자마자 유전자 검사를 받도록 권해요. 신생아 발뒤꿈치에서 피를 뽑아 검사를 하는 것이지요. 예전에는 유전자 검사라는 게 없었어요. 그런데 유전자의 구성 요소인 *DNA가 사슬처럼 엮여 있다는 사실이 밝혀지고, 인간 *게놈 지도가 완성되면서 유전자 검사가 부쩍 늘어난 거예요.

유전자는 각각의 생명체마다 고유한 모양이 있어요. 각 유전자의 정보는 부모에게서 물려받는데 복제를 거듭하면서 자손에게 전해지지요.

이것을 분석하면 치매, 우울증 등 유전적 질병에 걸릴 가능성이나 체질, 성격 등을 알 수 있어요. 또 타고난 재능도 미리 알 수 있다고 해요. 즉 개인의 유전자 속에 숨어 있는 능력을 예측하고 준비해서 살기 편하게 하는 거예요. 물론 이 검사를 하려면 많은 비용이 들어요.

그런데 유전자 검사 사업에 의심을 갖는 사람들도 많아요. 유전자 하나하나의 기능이 다 밝혀지지 않았을 뿐만 아니라 질병을 일으키는 유전자가 수두룩할 텐데 그것을 한 번에 알아낸다는 게 거짓말처럼 생각되는 거지요. 많은 질병이 유전적 원인과 환경적 원인이 결합되면서 생기는데 유전자 검사 하나만으로 모든 걸 알 수 있다는 것은 지나치게 부풀려졌다는 의견이에요.

하지만 과학자들은 언젠가는 유전자에 관련된 비밀이 모두 밝혀져 손

> *DNA : 디옥시리보 핵산(Deoxyribo Nucleic Acid)의 줄임말로 가닥 2개가 나선 모양을 이루고 있어요. DNA에는 모든 유전 정보가 들어 있어서 생명체의 본질을 보여 줘요.
>
> *게놈 : 한 생물체의 염색체 안에 있는 모든 유전 정보를 말해요. 보통 DNA에 저장되어 있지요. 인간의 게놈은 30억여 개로 밝혀졌어요. 인간 게놈 지도는 유전자의 배열 상태를 나타낸 거예요.

쉽게 검진을 받을 수 있을 것이라고 생각해요.

　당장 정확한 유전자 정보 해석은 어렵다고 해도 유전자 검사는 병을 치료하는 데 쓰일 수 있어요. DNA는 유전 정보를 바탕으로 우리 몸에 필요한 단백질을 만들어 내는데 여기에서 중간 다리 구실을 하는 게 *RNA예요. 단백질 합성에 관한 유전 정보를 지닌 RNA를 잘 조절하면 병을 치료할 수 있어요.

　아직은 유전자 검사가 터무니없어 보여도 점차 유전자의 비밀이 풀리면 단백질을 이용한 진단과 치료제가 널리 쓰일 거예요.

　물론 유전자가 모든 것을 결정하지는 않아요. 자기 의지와 환경에 따라 결정되는 게 더 많을 테니 열심히 노력해야겠지요?

> *RNA : 리보 핵산(Ribo Nucleic Acid)의 줄임말로 세포 안에서 단백질 합성에 관여해요. 요즈음 기능이 밝혀지면서 질병 치료제 개발에 널리 쓰이고 있어요.

영화로 과학 보기

가타카(Gattaca)

생명 공학에 관한 공상 과학 영화의 고전으로 불리는 영화예요. 과학이 사람의 운명을 좌우하는 세상을 보여 주지요. 우수한 유전자만을 지닌 맞춤형 아기가 태어나는 세상이 평등하지 않다는 사실을 깨달을 수 있어요.

주인공은 엄마와 아빠가 사랑하여 태어난 '빈센트'예요. 그러나 빈센트는 태어나자마자 유전자 분석에 의해 열등한 사람으로 낙인찍혀요. 빈센트는 과학이 예고하는 자기 운명에 맞서 싸워 마침내 우수한 사람의 무리에 들어가지요. 과연 유전자가 사람의 운명을 결정지을 수 있을까요?

★ 미래뉴스 ★

3
식품 백신

에이즈 치료하는 바나나 등장!

20세기 초까지만 해도 기아와 질병으로 허덕이던 아프리카가 새롭게 태어나고 있다. 지난 2011년 조사에서 에이즈 감염율이 아프리카 남부의 스와질란드 26퍼센트, 보츠와나 24퍼센트, 레소토 23퍼센트 등으로 나타날 정도였다. 그러나 식물을 먹는 것만으로 굶주림을 해결하고 에이즈에서 벗어나는 꿈같은 일이 현실이 되었다.

이른바 '식품 백신'이 널리 보급되면서 나타난 일이다. 20여 년 전 콜레라 백신을 가진 쌀이 보급되어 전염병 없는 아프리카의 시작을 알린 뒤 전염병 퇴치를 위한 노력이 줄기차게 진행되었다. 마침내 에이즈 바이러스를 잡는 백신이 현지의 풍토에 맞게 쌀은 물론 바나나, 토마토 등의 식물을 통해 인체로 흡수되도록 만들어졌다. 먹기만 하면 치료가 되는 세상이 된 것이다.

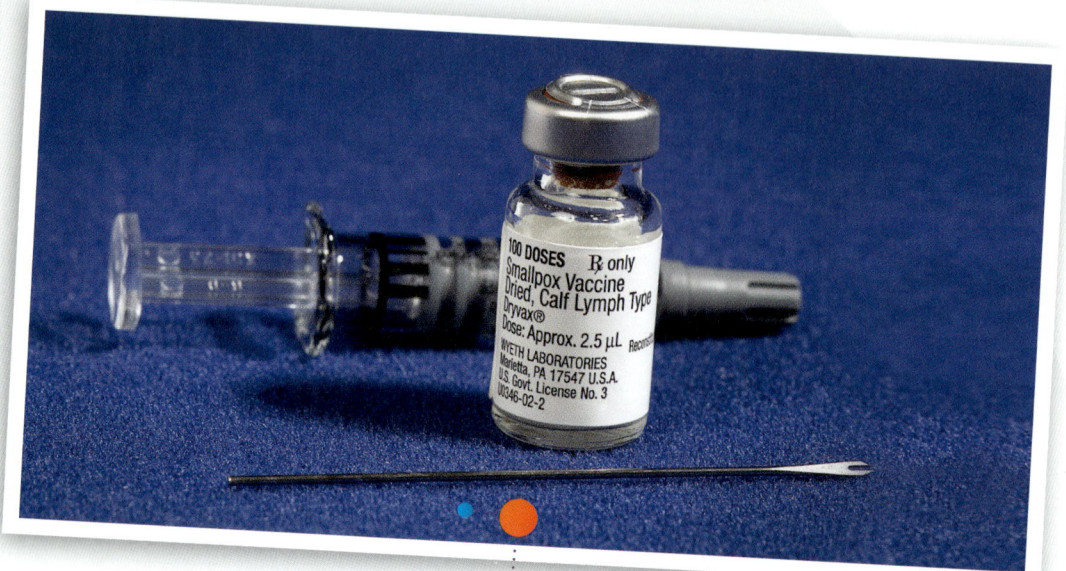

머지않아 백신 주사를 대신할 식품 백신이 나올 거예요.

많은 어린이들이 주사 맞는 것을 무서워하지요? 하지만 곧 주사를 맞지 않아도 될 날이 온답니다. 주사 대신 약 성분을 포함한 식품을 먹으면 되는 이른바 식품 백신이 연구되고 있어요.

몸속에 약물을 전달하는 방법은 여러 가지예요. 흔히 파스라고 불리는 약은 피부를 통해 약물을 흡수시켜요. 또 속에 약물을 넣고 특정 물질로 감싸 원하는 부위에만 정확히 전달하는 기술, 약이 위 속에서 미리 녹는 것을 막기 위해 겉면을 변형시키는 기술도 있어요. 이렇게 다양한 약물 전달 기술이 나오기까지는 오랜 시간이 걸렸어요.

백신은 각종 감염성 질병을 예방하기 위해 쓰이는 약이에요. 지금으로부터 200여 년 전에 개발되었지요. 오늘날 백신 연구자들은 치료용 *항체를 개발해 동·식물체에 넣으려고 애써요. 예를 들면 유전자를 재조합해 만든 포유 동물의 젖을 통해 치료용 물질이 나오게 하는 방식처럼 말이에요. 그렇지만 동물 젖에서 치료용 물질을 분리하는 일은 매우 복잡하고 까다로워요. 그래서 학자들은 주로 식물에 치료용 물질을 넣으려고 해요. 치료용 물질이 들어 있는 감자를 먹는 것으로 백신 접종을 대신한다면 정말 편하겠지요?

*항체 : 생물의 몸에서 이물질인 항원의 침입에 반응하는 방어 물질이에요. 항체는 바이러스와 같은 항원을 공격해 수가 늘어나는 것을 막거나 독성을 중화시키는 등 우리 몸을 지키도록 도와요.

그런데 이 같은 식품 백신을 자유롭게 사 먹기는 아직은 힘들 거라고 해요. 무엇보다 백신의 투여량을 쉽게 조절할 수 없기 때문이에요. 백신이 들어 있는 감자가 있다고 해도 어느 정도 크기의 감자를 얼마나 먹어야 하는지가 명확하지 않기 때문이지요. 또 감자의 크기를 일정하게 만

드는 것도 쉽지 않아요. 이 때문에 식품 백신은 1990년대 중반부터 개발은 되고 있지만 널리 쓰이지는 않아요.

당장은 실용화되지 않더라도 오늘날 백신 식품은 다양하게 연구되고 있어요. 이미 *유전자 재조합을 이용해 비타민 함량을 높인 쌀도 선보였어요. 이 쌀로 지은 밥을 한 공기만 먹어도 비타민 A를 보충할 수 있답니다. 그밖에 식물을 이용해 값비싼 단백질을 쉽게 생산하려는 연구도 활발해요. 대장암 항체 유전자를 벼 세포에 넣어 대장암 항체 단백질을 만들어 내고, *면역 조절제 유전자를 넣어 면역 조절제 단백질을 생산하는 식이지요.

이쯤 되면 식물을 약 공장이라 해도 틀린 말은 아니겠지요?

> ***유전자 재조합**: 유전자의 순서를 바꾸거나 일부 유전자를 넣고 빼는 식으로 유전자를 조절하는 것을 뜻해요. 일부에서는 '유전자 조작'이라는 표현을 쓰기도 해요.
>
> ***면역**: 병이나 병을 일으키는 세균, 곰팡이, 바이러스 등으로부터 우리 몸을 지키려고 저항하는 신체의 능력을 뜻해요. 면역계에 이상이 생기면 병에 쉽게 걸려요.

백신

대부분의 신생아들은 여러 가지 백신을 접종해요. 지금도 소아과에 가면 아기들의 울음소리가 그치지 않아요. 백신 주사 때문이지요. 백신은 전염병의 예방이나 치료를 위하여 사용되는 항원을 일컫는 말입니다. 백신을 넣으면 몸이 그 병원균에 대항할 수 있는 항체를 만들어 나중에 같은 병원균에 감염되었을 때 이겨 낼 힘을 갖게 되지요. 백신은 소아마비나 뇌염 같은 감염성 질병을 예방하는 데 가장 효과적이에요.

각종 바이러스 감염증은 아직도 치료법이 확립되지 않았어요. 그래서 미리 백신을 맞는 것밖에는 달리 방어할 방법이 없어요. 최근에는 유전자를 미생물에 넣는 재조합 DNA 기술로 백신을 개발하기도 합니다.

★ 미래뉴스 ★

2034-○○-○○

세상을 보는 새로운 눈
생생한 상상 뉴스

4
GMO 식품

식물, 유전자 재조합해 공장에서 재배한다

도심에서 새로운 녹색 혁명을 추진하는 '식물 공장' 준공식이 오는 6월 18일 서울 여의도에서 열린다. 도심 한복판에 세워진 식물 공장은 50층짜리 건물의 각 층을 논과 밭으로 활용한 것이다. 식물 공장에서는 식물을 땅에서 수평으로 재배하는 방식에서 벗어나 수직으로 재배하며 태양을 대신해 LED를 이용하는 새로운 농법이 적용된다.

이번에 건립된 식물 공장의 농장주는 "기존의 농법보다 단위 면적당 생산량이 50배 이상 획기적으로 늘어난다."면서 "이 식물 공장에서 재배하는 유전자 재조합 식물로 30만 명의 먹을거리를 만들 계획"이라고 밝혔다. 식물 공장은 우리나라와 같이 국토가 좁은 지역에서 농업 생산량을 비약적으로 높일 것으로 기대된다.

많은 양을 수확할 수 있는 유전자 조작 옥수수

4 GMO 식품

GMO 식품, 즉 유전자 조작 식품에 대해 많은 사람들이 궁금해 하고 걱정해요. 유전자 조작 식품은 유전자 재조합을 통해 새롭게 만들어진 농작물을 원료로 만든 식품을 말해요. 그러면 유전자 재조합은 무엇일까요? 유전자 재조합은 생명체의 암호인 유전자를 인위적으로 바꾸는 거예요. 유전자의 순서를 바꾸거나 넣고 빼서 원래 생물의 단점을 없애고 사람에게 도움을 주는 생물로 탈바꿈시키지요.

유전 공학 과학자들은 미생물을 연구하고 유전자에 대해 연구를 거듭하면서 유전자 재조합 기술을 얻어냈어요. 하지만 유전자의 기능을 밝히고 재조합하는 것은 쉬운 일이 아니에요. 유전자 단백질의 양을 늘리거나 특정 유전자를 파괴하고, 새로운 유전자를 넣는 등 다양한 첨단 기술을 적용해야 하기 때문이지요.

머지않아 유전자 조작 식품이 우리 식탁 전체를 차지할지도 몰라요. 유전자 재조합 기술로 농작물을 오래 보관하고, 대량 생산할 수 있게 해서 먹을거리에 대한 걱정을 해결할 수 있기 때문이에요. 반면에 유전자 조작 식품에 보이지 않는 위험이 담겨 있다고 생각하는 사람들도 많아요. 당장은 괜찮아도 언젠가 예상하지 못한 위험을 일으킬 수 있다고 불안해 하는 거지요. 식물이 싹을 틔우고 열매를 맺는 등의 생명 현상을 수소와 산소가 만나 물을 만드는 것처럼 하나의 단순한 화학 현상으로만 볼 수 없다는 거예요.

유전자 재조합 식물은 *생태계 질서에도 영향을 끼칠 수

> *생태계 질서 : 자연에 존재하는 모든 생물이 순환하며 살 수 있는 환경을 말해요. 모든 생명체는 나름의 존재 이유가 있어요. 하찮아 보이는 미생물도 저마다 쓰임새가 있지요. 생태 피라미드에서는 하나의 단계만 무너져도 생태계 질서가 어긋날 수 있어요.

있어요. 유전자 재조합을 통해 해충을 견디는 식물을 만들었는데 다시 그 식물을 이기는 돌연변이 해충이 나오는 등 식물이 새로운 유전자를 받아들이면서 생태계의 먹이사슬이 작동하지 않을 수 있다는 말이지요.

또 유전자 재조합 식물이 바람이나 곤충에 의해 경작지를 벗어나 다른 식물과 교배하거나 *유기농 경작지로 들어가면 어떻게 될까요? 유전자 재조합 식물은 살아 움직이는 생물이기 때문에 생태계에 미칠 영향을 바로 예측하기가 어렵답니다.

*유기농 : 살충제나 화학 비료 같은 합성 화학 물질을 사용하지 않고, 자연 재료만을 사용하여 농사를 짓는 농업 방식이에요.

이처럼 유전자 조작 식품은 약이 될 수도, 독이 될 수도 있어요. 유전자 조작 식품이 약이 되기 위해서는 유전자 시스템을 확실하게 이해하고 부작용을 줄이는 연구가 계속되어야 할 거예요.

영화로 과학 보기

프랑켄슈타인(Frankenstein)

같은 이름의 원작 소설을 바탕으로 만든 영화예요. 인간 창조에 광적인 관심을 가진 프랑켄슈타인 박사는 어느 날 밤, 연구의 결실을 맺어요. 서로 다른 사람의 시체에서 일부를 잘라 낸 뒤 합쳐 사람 모습의 괴물을 만든 것이지요. 우연히 생명을 얻게 된 괴물은 사람들과 친해지려고 하지만 실패해요. 절망에 휩싸인 괴물은 프랑켄슈타인 박사를 찾아가 주변 사람들에게 끔찍한 복수를 하지요.

이 영화는 사람의 끝없는 욕심이 얼마나 무서운 결과를 가져오는지 생각하게 해요. 이 작품의 제목을 따서 유전자 조작 식품을 '프랑켄 푸드'라고 부르기도 한답니다.

프랑켄슈타인의 괴물

●●●●● Future 🛜

2034-○○-○○

★ 미래뉴스 ★

85 %

세상을 보는 새로운 눈
생생한 상상 뉴스

5
줄기세포

파킨슨병 환자를 일어나 걷게 한 것은?

모든 신체 조직과 장기로 발달하는 줄기세포를 이용한 파킨슨병 치료가 성공했다. 파킨슨병 환자 유벤투스는 2개월 전, 태아 뇌에서 추출한 줄기세포인 도파민 신경 전구 세포를 이식받았다. 치료 결과는 오는 5월에 발표될 예정이지만 이미 6주 간의 추적 관찰에서 세포가 높은 효율로 분화 유도되는 데 성공해 의료계에서는 성공을 낙관하는 분위기다.

앉은뱅이가 일어서는 성서의 기적이 실현되기까지는 적지 않은 시간이 걸렸다. 줄기세포가 환자의 뇌 안에서 제대로 기능을 하지 못하는 실패가 잇따랐고, 때로는 줄기세포가 암으로 발전하는 사례도 있었다. 그럼에도 연구자들의 지속적인 임상 실험을 통해 줄기세포가 안정적으로 뇌에서 작동을 하게 된 것이다.

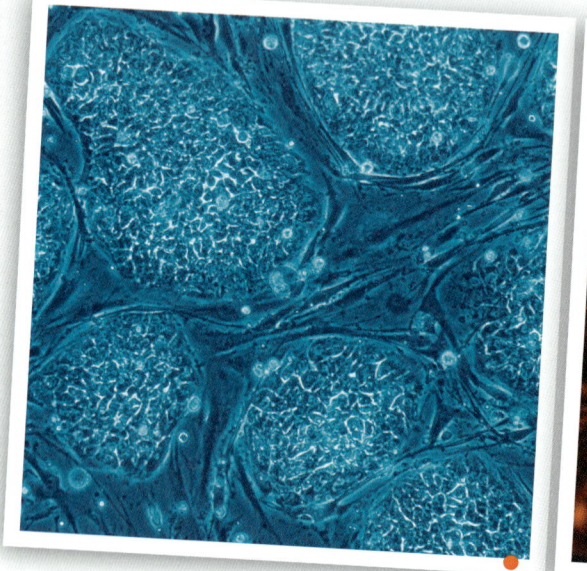
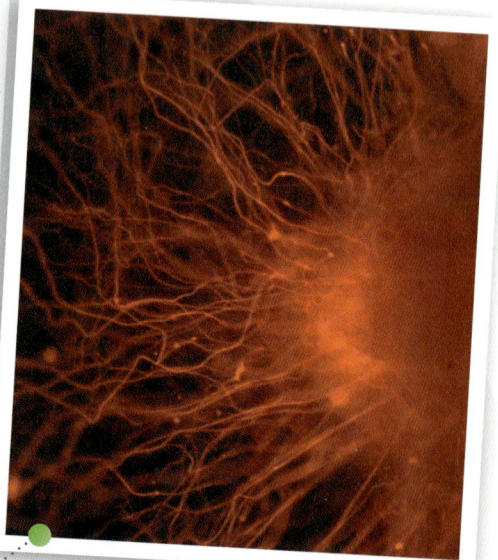

초기 배아 단계의 줄기세포

5 줄기세포

줄기세포의 가능성이 여전히 주목받고 있어요. 줄기세포는 몸에 있는 세포를 이용해 몸의 모든 조직이나 기관으로 분화할 수 있는 세포이기 때문이에요.

예전에는 정자와 난자가 만나서 생명체로 자라게 될 *배아만 다른 세포로 자랄 수 있다고 알려졌어요. 그런데 줄기세포를 어떻게 키우느냐에 따라 여러 기능의 조직을 만들 수 있답니다. 일부 연구자들은 줄기세포를 키워서 심장, 간, 췌장 등의 장기를 만들 수 있을 것이라고 해요. 그러나 아직까지는 줄기세포를 여러 세포로 분화시키는 것도 쉽지 않은 일이에요.

> *배아 : 수정란에서 만들어진 세포 가운데 자라면서 여러 기관으로 분화되는 세포들을 배아라고 해요. 사람의 경우 수정 후 약 두 달까지를 배아라고 해요.

현재 줄기세포 연구는 심장마비로 상한 심장 조직을 치료하는 심장 근육 세포, 파킨슨병이나 알츠하이머병 같은 뇌의 질병을 치료할 신경 세포, 인슐린을 나오게 해 혈당을 조절하는 췌도 세포 등을 만드는 데 집중되고 있어요. 또한 백혈구가 신체 자체의 조직을 공격해서 일어나는 다발성 경화증이나 면역계의 기능 이상으로 인한 류머티스성 관절염 같은 병도 줄기세포를 이용해 치료해요. 피를 만드는 기능이 있는 줄기세포를 넣으면 환자들의 면역계를 새롭게 조절할 수 있지요. 하지만 이런 세포 치료는 면역 거부 반응과 생명 윤리 등의 문제를 안고 있어요.

줄기세포 연구에서 특히 문제로 지적되는 것은 체세포 핵 이식을 한 배아줄기세포예요. 체세포는 정자와 난자 같은 생식 세포를 제외한 나머지 모든 몸을 구성하는 세포를 말해요. 핵 이식은 난자에서 핵을 제거하고, 그 자리에 다시 체세포에서 빼낸 핵을 넣는 것이지요. 이렇게 체세포 핵

이식을 한 다음에 세포를 키우면 배아줄기세포를 만들 수 있어요. 그런데 이때 꼭 필요한 난자를 구하기가 쉽지 않아요.

그래서 연구자들은 성장한 체세포를 이용해 줄기세포를 만들려고 해요. 그런데 성장한 체세포로 만든 성체줄기세포는 분화 능력이 떨어져요. 배아줄기세포가 그야말로 무궁무진한 가능성이 있다면 성체줄기세포는 특정 분야로만 자라거든요. 근래에는 성체줄기세포로 유도만능 줄기세포를 만들어요. 일본 요코하마시립대 연구팀은 2013년에 유도만능 줄기세포로 1센티미터 크기의 미니 간을 만들었는데 단백질을 만들고 해독 작용을 한다고 해요.

미국 오리건 건강과학대학 연구팀은 복제된 배아를 이용해 사람의 배아줄기세포를 만들었어요. 연구팀은 성인 여성의 난자에서 유전자가 들어 있는 핵을 빼고 다른 사람 피부 세포의 핵을 넣어 배아줄기세포를 만들어 냈어요. 이렇게 환자의 세포를 이용해 유전자 조작을 하지 않고 배아줄기세포를 만들면 질병 치료에 많은 도움이 될 것으로 기대되지요.

줄기세포

사람의 몸을 구성하는 220여 가지의 세포를 만들 수 있는 세포예요. 혈액 세포, 뼈 세포, 연골 세포, 근육 세포, 피부 세포 등 모양과 기능이 각기 다른 세포를 만드는 어미 세포라고 할 수 있어요. 줄기세포는 배아에서 얻어낸 것과 성장한 체세포를 이용한 것이 있어요. 배아에서 얻은 세포는 분화 능력이 뛰어나 원하는 조직과 장기로 키우는 데 유리해요. 하지만 만들기도 어렵고, 만드는 데 여성의 난자가 필요해 윤리적인 문제가 있어요. 그래서 성장한 체세포에서 줄기세포를 얻으려는 연구가 활발하게 이뤄지고 있어요.

Future 85 %

★ 미래뉴스 ★

세상을 보는 새로운 눈
생생한 상상 뉴스

2034-○○-○○

6 기억 개선

약 한 알로 머리가 좋아진다?

글로벌 제약 회사 하이작은 지난 19일 머리가 좋아지는 신약 '브레인바카스'를 개발했다. 하이작 대변인 아테나는 신약 발표 회견에서 "브레인바카스를 한 알 복용하면 기억력이 증진될 뿐만 아니라 인지 능력이 단박에 상승하는 효과가 있다는 사실이 임상 실험에서 확인됐다."고 밝혔다.

머리가 좋아진다는 약은 오래 전부터 시판되었다. 주로 중추 신경이 흥분하도록 작용하는 약물이었다. 이는 머리가 좋아진다기보다는 잠이 오는 것을 억제하는 각성 효과를 유발하는 성분이었다. 이에 견주어 브레인바카스는 신경 세포가 원활히 작동하도록 하여 해마의 기능을 활성화하는 것으로 알려졌다.

푸른 은행잎 추출물이 혈액 순환과 뇌 기능 개선제로 쓰이고 있어요.

뇌 MRI 사진

6 기억 개선

은행나무의 잎과 열매는 오래 전부터 놀라운 약효를 보여 여러 가지 의약품으로 쓰였어요. 요즘에는 푸른 은행잎에서 뽑아낸 성분이 *혈액 순환에 도움을 주고 기억력을 좋아지게 하는 뇌 기능 개선제로도 쓰이고 있지요. 실제로 은행잎 추출물로 만든 약이 정신 불안이나 스트레스를 없애는 데 효과가 있어 수험생이 먹어야 할 약으로 알려지기도 했어요.

가끔 텔레비전 드라마나 영화를 보면 *치매에 걸린 사람이 나와요. 그런 치매 환자가 은행잎 추출물로 만든 약을 먹으면 과연 기억을 되살릴 수 있을까요?

사실 은행잎으로 만든 약은 뇌로 들어가는 혈액의 양이 충분하지 않거나 뇌신경 이상에서 비롯되는 가벼운 인식 장애에만 조금 효과가 있는 것으로 밝혀졌어요. 그것은 혈액 순환 개선에 힘입은 효과일 뿐, 지금까지의 연구를 통해 보면 은행잎이 기억력을 향상시키는지는 단정하기 힘들어요.

> *혈액 순환 : 피는 영양분과 산소를 공급하고, 병으로부터 몸을 보호하는 물질과 여러 호르몬을 운반해 줘요. 피가 온몸 구석구석까지 잘 돌지 못하면 생명을 이어갈 수 없어요.
>
> *치매 : 뇌의 병적인 변화 때문에 생기는 정신 질환이에요. 심한 기억 상실과 함께 지적 능력이 떨어지고, 잘 알던 사람도 알아보지 못하게 되지요. 치매의 한 종류로 알츠하이머병이 있어요.

기억력을 좋게 하는 약이 효과를 보려면 기억력이 떨어지는 이유를 명확히 밝혀내야 해요. 현재까지는 뇌의 정교한 회로에 끈적끈적한 이물질이 쌓이거나 신경 세포가 꼬여 뇌에서 기억에 관련된 부분을 담당하는 해마 부분이 줄어들면 기억력이 떨어진다고 알려져 있어요.

그러나 첨단 뇌 영상 촬영 기술로 뇌의 내부를 살펴봐도 기억력에 관련된 뇌의 변화를 파악하는 것은 내시경으로 위를 살펴보는 것처럼 확실하게 알기는 어려워요. 인간의 뇌 안에서는 모든 게 복잡하게 얽혀서 기능

을 하기 때문이지요. 언젠가 뇌에 관한 비밀이 풀려야 기억을 개선하는 치료제가 나올 수 있을 거예요.

그런데 정말로 머리가 좋아지는 약을 만들 수는 있을까요? 이론적으로는 간단해요. 사람의 뇌에는 천억 개 정도의 뇌 세포가 있는데 이 가운데에서 기억에 관련된 부위나 신경 전달 물질을 연구하면 되니까요. 그렇지만 이 일이 실제로는 엄청나게 어려워요. 신경 전달 물질의 기능이 매우 복잡하기 때문이지요.

지금도 기억력 강화 약물이 있기는 해요. 하지만 일반 사람의 머리를 좋게 하는 약이 아니라 치매 환자의 병 증상을 늦추는 약일 뿐이에요. 아직까지는 누구나 먹을 수 있는 머리 좋아지는 약은 없어요.

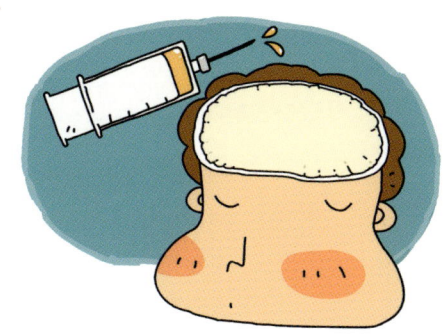

영화로 과학 보기

내 머리 속의 지우개(A Moment To Remember)

우리 주변에는 치매 환자가 많이 있어요. 치매 환자는 대부분 노인들인데, 이 영화는 젊은 여자가 알츠하이머병에 걸리면서 벌어지는 일을 보여 줘요.
주인공 여자는 건망증으로 편의점에 콜라를 놓고 온 뒤 다시 찾으러 갔다가 한 남자를 알게 되고 결혼하게 되지요. 알츠하이머병이 심해진 여자는 도시락을 싸면서 반찬 대신 밥만 두 개 넣거나, 외출했다가 집에 돌아오는 길도 잊게 돼요. 결국 여자는 남편을 처음 보는 사람처럼 대하게 된답니다. 한 사람의 기억이 사라지는 과정을 세세히 표현한 영화예요.

★ 미래뉴스 ★

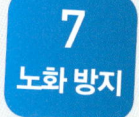
7 노화 방지

100세가 되어도 청춘, 지금은 120세 시대!

글로벌 통계청은 지난 28일, 인간의 기대 수명이 120세에 이르렀다고 발표했다. 20세기 들어 인간의 기대 수명은 획기적으로 늘어났다. 영양과 위생 상태가 좋아져 병에 잘 걸리지 않고 의학의 발달이 뒷받침되었기 때문이다. 게다가 인간의 태아 세포가 2.5년에 한 번씩 모두 50회 분열을 하기에 인간의 수명이 125세가 될 것이라는 예측도 있었다.

하지만 '100세 청춘'에 이르는 길이 쉽게 뚫린 것은 아니다. 사회적 위험이 곳곳에 도사렸기 때문이다. 인간의 기대 수명이 120세에 이른 것은 각종 사고를 사전에 방지할 수 있는 시스템이 마련되고, 예방 의학의 획기적 발달과 맞춤형 유전자 치료 등이 널리 이뤄지고 있기 때문이다. 물론 평생 건강을 유지하기 위해서는 무조건 약물에 의존하기보다는 신체를 단련하는 데 매진해야 할 것이다.

수명 연장으로 노인 인구가 증가하고 있어요.

7 노화 방지

산업의 발전과 의학의 발달로 삶의 질은 점점 좋아져요. 특히 병으로 인한 사망률이 떨어지고, 관절염, 골다공증, 치매 등의 고통에서 벗어날 것으로 기대하게 하는 연구 성과도 나오고 있지요.

수명을 늘여 준다는 노화 방지제도 속속 나오고 있어요. 노화를 막아 주는 약에는 호르몬과 항산화제가 있어요.

호르몬으로 어떻게 노화를 늦춘다는 걸까요? 바로 사람 몸에 필요한 온갖 종류의 호르몬을 20세 수준에 맞게 보충하는 거예요. 단, 호르몬 치료를 멈추면 다시 원래의 나이로 몸 상태가 돌아가게 돼요. 그러니 *신체 나이*를 젊게 유지하려면 평생 호르몬 치료를 해야 하지요.

항산화제는 몸에 해로운 활성 산소를 중화하는 기능이 있다고 해서 널리 쓰여요. 항산화제는 약으로도 쉽게 먹을 수 있지만 몸속에서도 그 성분이 자연적으로 만들어지고 특히 과일, 채소 등에 많이 들어 있어요.

염색체 끝에 있는 *텔로미어*를 이용해 노화 방지제를 만들려고도 해요. 사람의 세포는 끊임없이 분열하면서 새로운 세포를 만드는데, 세포의 분열 횟수는 제한돼 있어요. 또 세포 분열이 계속될수록 텔로미어는 점점 짧아져요. 그래서 텔로미어 길이를 재면 세포의 수명을 예측할 수 있지요.

현재 판매되는 노화 방지제는 텔로미어가 상하지 않고 분열과 재생을 계속할 수 있게 돕는다고 알려져 있어요.

*신체 나이 : 법적 나이가 아니라 몸의 기능과 사고력 등을 살펴 측정한 나이예요. 건강 상태와 노화의 정도를 말해 주지요. 폐활량, 비만도, 혈압 같은 신체 기능과 체형에 관한 검사를 통해 파악해요.

*텔로미어 : 염색체 끝에 있는 유전자 조각이에요. 노화에 관련된 인체 부위로 밝혀져 관심을 끌고 있어요. 최초의 복제양 '돌리'는 다 자란 암컷 양의 체세포를 복제한 것이라 날 때부터 텔로미어가 짧아서 빨리 죽은 것으로 알려져 있어요.

그러나 지금까지 개발된 어떤 노화 방지제도 텔로미어의 기능을 개선하지는 못했어요. 텔로미어의 기능을 돕는 텔로머라제라는 *효소를 공급해도 몸의 여러 조직과 기관의 노화를 막을 수 없었다는 것이지요.

노화를 막기 위해서는 사람의 몸이 노화에 접어드는 모든 과정을 이해해야 하는데 아직까지는 그러지 못한답니다. 때문에 노화 연구자들은 각종 노화 방지제가 아직은 의학적으로 효용성이 거의 없다고 결론짓고 있어요. 따라서 이러한 현실에서는 호르몬 치료에 몸을 맡기기보다는 알맞게 먹고 적절한 운동을 하는 게 가장 바람직한 노화 방지법일 거예요.

> *효소 : 생물의 몸속에서 일어나는 대부분의 화학 반응을 촉진하는 단백질 분자예요. 효소가 없다면 화학 반응이 너무 느리게 일어나거나 아예 일어나지 않아 생물이 살 수 없답니다.

캐리비안의 해적 : 낯선 조류
(Pirates Of The Caribbean : On Stranger Tides)

해적 캡틴 잭 스패로우는 런던의 감옥에 있는 선원 깁스를 구하려다 체포됩니다. 이때 영국 왕은 '젊음의 샘'을 찾는 것을 도우라고 하지요. 영원한 생명을 얻으려는 거예요. 같은 시기에 캡틴 바르보사와 스페인 함대도 젊음의 샘을 찾아 떠나면서 해적들의 치열한 승부가 펼쳐져요.

그렇다면 정말로 젊음의 샘이 있을까요? 그리스의 역사가 헤로도토스는 '생명의 물'이 에티오피아 땅에 있을 것이라 했고, 영화 〈인디아나 존스 : 최후의 성전〉에서 언급되는 스페인의 탐험가는 서인도 제도의 원주민을 통해 젊음의 샘에 관한 이야기를 듣고 탐험에 나서 플로리다와 바하마를 발견합니다. 하지만 아직까지 젊음을 보장하고 생명을 연장하는 샘물은 지구상에서 발견되지 않았습니다.

•••• Future 🛜   85 %

★ 미래뉴스 ★

세상을 보는 새로운 눈
생생한 상상 뉴스

✉ 2034-○○-○○

8 인공 혈액

헌혈 버스가 사라졌어요!

국제 적십자사의 유일한 헌혈 버스가 지난 24일을 마지막으로 활동을 중단했다. 미국의 셀테크사에서 줄기세포로 혈액의 혈구를 만드는 기술을 상용화하면서 헌혈의 역사에 종지부를 찍은 것이다. 이 인공 혈액은 산소를 운반하는 능력이나 혈액의 다른 요소와 교류하는 능력이 실제 혈액과 같으면서도 대량 생산이 가능하다.

1920년대에 최초의 수혈이 이뤄진 뒤 헌혈 버스는 거리의 천사 구실을 했다. 하지만 이렇게 해서 모은 혈액은 보관 기간이 6주로 제한되고, 질병 감염 위험도 있었다. 그래서 오랫동안 혈액 대체물을 만드는 연구가 계속되었지만 혈액이 산소를 운반하는 비밀을 재현하는 데 한계가 많았다. 셀테크에서 개발한 인공 혈액은 누구에게나 감염의 위험 없이 사용할 수 있는 만능 혈액이다.

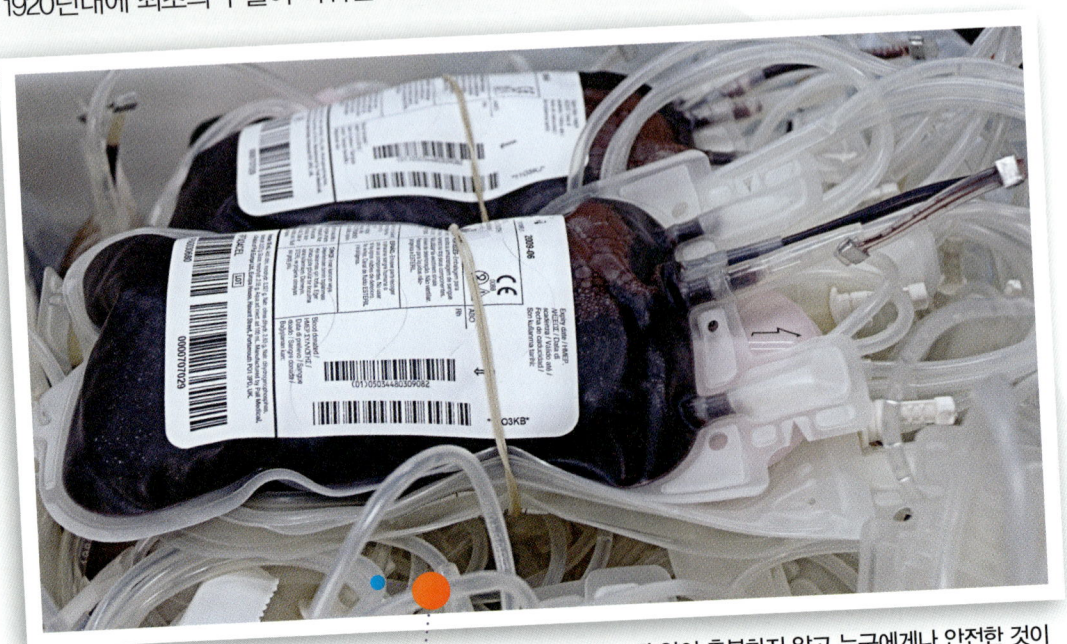

혈액 주머니. 혈액 보관 양이 충분하지 않고 누구에게나 안전한 것이 아니기 때문에 인공 혈액에 대한 기대가 더욱 크답니다.

8 인공 혈액

앞으로 역 광장이나 큰길에서 헌혈 버스를 볼 수 없을지도 몰라요. 인공 혈액을 만들려는 노력이 한창이기 때문이지요. 인공 혈액은 혈액의 기능을 인공 물질로 바꾸는 거예요.

인공 혈액이라는 말을 사용한 것은 1960년대 후반부터예요. 당시에는 *적혈구에서 *헤모글로빈을 정제했어요. 그러나 헤모글로빈만으로는 혈액의 구실을 하기 힘들었어요. 헤모글로빈은 적혈구 안에 있는 여러 보조 인자와 함께 있을 때만 제구실을 하거든요.

1980년대에 *혈우병 환자들이 수혈을 받으면서 에이즈 바이러스나 B형 간염 바이러스 등 각종 감염성 질환에 걸리는 일이 생기자 인공 혈액이 다시 관심을 끌었어요. 수혈을 받다가 더 지독한 병에 걸릴 수 있으니 남의 피를 받는 게 얼마나 두렵겠어요? 이때부터 인공 혈액에 대한 연구가 활발히 이루어져 적혈구나 지혈 작용을 하는 혈소판, 피를 굳히는 혈액 응고 인자 등 혈액을 성분별로 개발하게 됐어요.

우리나라에서는 혈액을 깨끗하게 하는 것으로 밝혀진 강화도 순무를 이용해 인공 적혈구를 개발하고 있어요. 그러려면 먼저 사람의 유전자를 식물인 담배에 이식해 혈액 인자를 만들어요. 만들어진 혈액 인자를 다시 유전자 재조합으로 만든 순무에 넣으면 쓸모 있는 혈액 응고 인자가 생겨요. 이것을 이용하면 혈우병 환자들을 치료할 수 있지요. 문제는 순무가 유전자를 변형한 것이기 때문에 예상치 못한 사고가 생길 수 있다

> *적혈구 : 혈액을 구성하는 세포의 하나예요. 붉은색으로 중심부가 오목하게 들어간 원반 모양을 하고 있어요. 주로 골수에서 만들어져요.
>
> *헤모글로빈 : 혈액이 붉게 보이게 해 주는 색소예요. 적혈구 속에 들어 있으며 산소를 나르지요.
>
> *혈우병 : 피가 정상적으로 굳지 않는 병이에요. 혈우병 환자들은 보통 사람보다 혈액 응고가 아주 천천히 일어나기 때문에 상처가 나면 피를 많이 흘려 위험해요. 혈우병은 유전병으로 대부분 남자들이 걸려요.

는 거예요.

 아직까지 환자들을 위한 혈액은 부족해요. 인공 혈액은 특정 질환에 부분적으로만 쓰일 뿐이고 아무리 헌혈을 많이 받아 놓아도 헌혈 받은 혈액은 40일 이상 지나면 못 쓰게 되거든요. 그래서 미국 브라운 의과대학의 연구팀은 기간이 지나 버려지는 혈액의 적혈구를 유전 공학적으로 처리한 산소 운반체를 개발했어요. 사람의 적혈구 속에 있는 본래의 산소 운반체를 개조해 혈액형에 관계없이 사용할 수 있도록 한 거예요.

 이러한 인공 혈액은 오래 보관할 수 있어서 관심을 모으고 있어요. 진짜 혈액보다 훨씬 다양하게 사용할 수 있으니까요. 하지만 인공 혈액을 공급받기까지는 많은 시간이 지나야 할지도 몰라요. 휘발유 차에 경유를 주유하면 문제가 되듯이 인체에 사람의 것이 아닌 인공 물질이 들어가면 이상이 생길 수도 있으니까요.

자기 혈액형은 알고 있어야 해요

혈액형은 혈액 속 성분의 반응에 따른 분류 방식이에요. 분류 방식에 따라 여러 가지 혈액형이 있는데 흔히 쓰이는 것이 ABO식 혈액형이지요. ABO식 혈액형에 따르면 사람의 혈액은 A형, B형, O형, AB형 네 가지로 나뉘어요.
혈액형은 환자에게 혈액을 수혈할 때 거부 반응이나 다른 심각한 반응이 일어나는지를 아는 데 매우 중요해요. 수혈을 하는 동안 환자의 혈액과 제공자의 혈액이 맞지 않아 적혈구가 엉겨서 뭉치는 현상이 생길 수 있거든요. 이 현상은 혈관을 막아 심각한 질병을 일으키거나 심하면 사망의 원인이 될 수도 있어요. 그러니 응급 상황에 대비해 자기의 정확한 혈액형은 알고 있어야겠지요?

•••• Future 📶   85 %

✉ 2034-○○-○○

★ 미래뉴스 ★

세상을 보는 새로운 눈
생생한 상상 뉴스

사람에게 장기 공급해 주는 동물 화제

알파인 생명 공학 연구소 이종 장기 센터 기자 회견장에 나타난 여성 라미아의 얼굴에는 웃음꽃이 피어 있었다. 불과 한 달 전만 해도 상상할 수 없는 표정이다. 그녀는 선천성 심장 질환으로 여러 차례 인공 심장을 이식받았다. 하지만 이제 그의 가슴에는 인공 심장 대신 돼지의 심장이 뛰고 있다.

그녀의 가슴에 있는 심장은 돼지의 몸에서 자랐다. 유전자를 조작해 사람과 동물의 유전자가 섞인 수정란을 만들어 암퇘지에 착상을 시켰던 것이다. 그렇게 세상 밖으로 나온 미니 돼지는 초급성 면역 거부 유전자도 제거된 상태였다. 이런 미니 돼지는 사람의 장기 공급용으로 죽음이 예정된 셈이다. 그것은 안타깝지만 미니 돼지의 희생으로 사람의 생명이 연장되는 것은 틀림없는 사실이다.

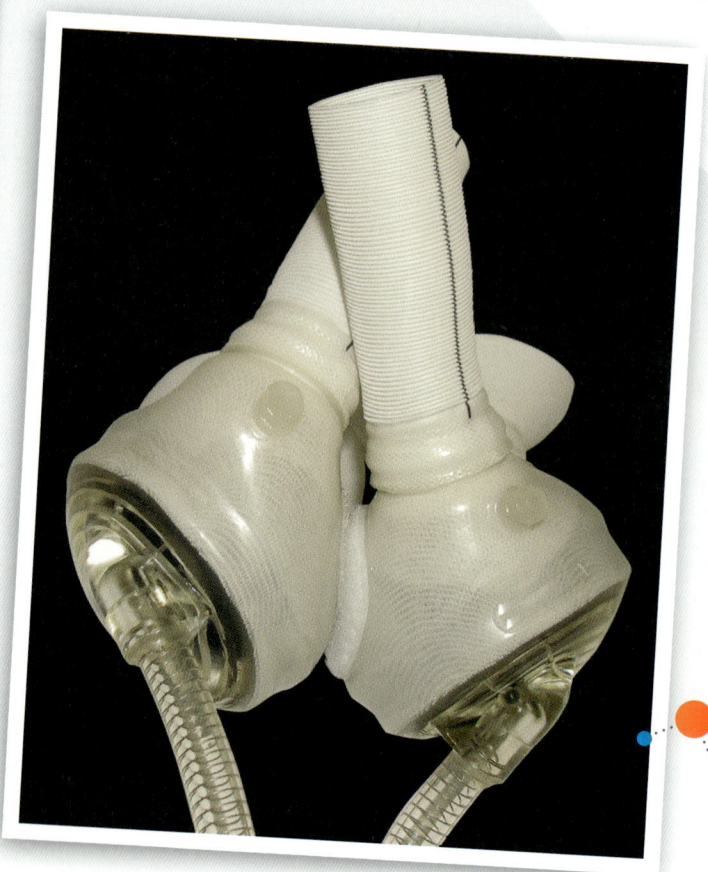

심장의 펌프 작용을 대신해 주는 인공 심장

9 이종 장기

　서울대학교 특수 생명 자원 연구동에는 무균 축사가 있어요. 이곳에 있는 *무균실에는 작은 돼지 수십 마리가 있어요. 이 돼지들은 사람에게 조직과 장기를 주려고 기다리는 중이에요. 돼지는 균이 없는 상태에서 병균에 저항하는 항체 형성 과정을 살피기에 좋다고 해요. 그래서 사람의 체형에 맞는 미니 돼지를 만들어서 연구를 하고 있어요. 미니 돼지는 100킬로그램 가량까지만 자란 뒤 더 이상 자라지 않고 심장의 크기도 사람의 것과 가장 비슷하지요.

　동물의 장기를 사람에게 옮기는 *이종 이식 수술은 오래 전부터 시도되었어요. 사람과 가장 가까운 영장류의 심장을 사람에게 이식하는 수술이 있었지요. 그러나 이식을 받은 사람은 몇 시간도 견디지 못하고 목숨을 잃고 말았어요. 우리 몸을 지키려는 *면역계가 이식된 장기를 침입자로 여겨 공격을 하면서 면역 거부 반응이 일어났기 때문이에요. 그 뒤로도 침팬지 같은 동물이 대상으로 떠올랐지만 모두 실패했어요.

　미니 돼지는 사람의 면역계를 속이기 위해 사람의 유전자를 주입받아 태어난 유전자 변형 돼지예요. 그러나 아직은 면역 거부 반응 문제가 완전히 극복될지 확실하지 않아요.

　미니 돼지는 장기 이식보다는 세포 이식에 먼저 쓰일 예정이에요. 세포는 심한 면역 거부 반응을 일으키지 않고 유전자 조작도 쉽게 할 수 있거든요.

> *무균실 : 균이 살지 못하는 공간. 무균실에서는 돼지들의 배설물에도 균이 들어 있지 않아요.
>
> *이종 이식 : 동물의 내장 기관이나 조직을 종이 다른 동물이나 사람에게 이식하는 거예요. 이종 이식 수술의 가장 큰 문제점은 몸속 면역계가 이식된 장기를 침입자로 여겨 거부하는 면역 거부 반응이에요.
>
> *면역계 : 질병이나 해로운 이물질로부터 스스로를 지키기 위해 방어 능력을 가지는 기관 및 세포를 통틀어 이르는 말이에요. 이런 침입자에 저항하는 신체의 능력을 면역이라고 해요.

1장 | 생명 과학 이야기

지금까지는 당뇨병 환자가 췌도 세포를 공급받으려면 적어도 *뇌사한 사람 세 명으로부터 췌도 세포를 이식받아야 했어요. 그러나 앞으로 미니 돼지의 췌도를 약품으로 처리해 사람 몸에 넣으면 된다고 하니 참 간단하지요.

미니 돼지를 비롯한 동물의 조직과 장기를 이식하는 데에는 면역 거부 반응 외에 또 다른 큰 위험이 있어요. 무균 상태에 있는 돼지라 해도 만일 동물에서 발생한 감염성 질환이 사람인 환자를 통해 사회에 퍼진다면 어떻게 될까요? 동물에만 있던 병이 사람에게도 나타나는 *인수 공통 감염 병이 널리 퍼지면 정말 인류의 미래를 장담하기 어려울 거예요. 우리가 몰랐던 전혀 새로운 질병이 인류를 위협할 수도 있으니까요.

만일 안전한 이식을 기대한다면 뇌사한 사람들의 장기를 기증받는 게 가장 현명한 선택이겠지요. 그러나 이 위험할 수 있는 의학에 관심을 기울이는 이유는 지금 이 순간에도 장기 이식을 기다리다가 죽어 가는 사람들이 많기 때문이에요.

> *뇌사 : 뇌 전체의 기능이 완전히 멈춘 상태예요. 뇌는 기능을 잃었지만 심장이 계속 뛰고 있어 다른 장기들이 건강하게 유지될 수 있지요. 뇌사 상태에서는 심장, 신장, 간장, 폐, 각막 등의 장기를 기증할 수 있어요.
>
> *인수 공통 감염 병 : 처음에는 동물에게만 있던 전염병인데 사람에게도 옮겨져 사람과 동물이 함께 걸리는 질병이에요. 조류 독감이나 광우병 등이 있어요.

네오기관

생체 조직 공학을 이용하여 사람의 세포로 만든 인체 조직이나 기관을 일컫는 말이에요. 간과 콩팥, 심장 등을 만들어 고장난 조직과 장기를 대체하려는 것이지요. 이미 피부와 연골 등은 시판되고 있으며 현재 심장에 대한 연구가 활발히 이뤄지고 있어요. 2030년 전후로 인체의 기관과 조직의 95퍼센트가 네오기관으로 교체될 수 있을 것이라는 예측이 있답니다. 이러한 네오기관이 인체에서 제대로 작동하기 위해서는 면역 거부 반응을 극복해야만 해요.

•••• Future 🛜

★ 미래뉴스 ★

세상을 보는 새로운 눈
생생한 상상 뉴스

2034-○○-○○

10 냉동 인간

냉동 인간이 깨어난다

러시아 인체 냉동 보존회사 크리오러스는 50여 년 전에 캡슐에 들어간 사이클로프스가 오는 6월 초 소생 절차를 밟는다고 밝혔다. 이 회사 대변인 아레스에 따르면, 분자와 원자 수준까지 신체를 조작하는 나노 기술을 이용해 뇌세포를 조작해 기억을 되살렸고, 신체 조직도 완벽하게 유지되어 혈액을 주입하는 절차만 남았다고 한다.

하지만 관련 학자들은 캡슐 뚜껑을 열기 전까지는 다시 깨어날 수 있는지를 단정하기 어렵다는 입장이다. 신체를 냉동하는 과정에서 연하고 수분 함량이 높은 인간의 뇌가 부피가 커져 세포막이 손상되었을 수 있기 때문이다. 기억을 복원했다 하더라도 50년 전의 일이라 정상적인 생활을 하는 데는 한계가 있다는 지적도 있다.

알코르 생명 연장 재단에서 인체를 냉동하여 보존하는 질소 탱크 '듀어'

냉동 인간은 현재 고칠 수 없는 병을 앓는 사람이 치료법이 나오는 미래까지 냉동되어 있다가 필요할 때 깨어나려는 환자들의 마지막 꿈이에요. 잠시 죽어서 신체의 생체 시간을 멈추고 세포가 노화되지 않은 채로 보존시키는 거지요. 일부에서는 냉동이 되었을 때 생명 활동이 정지된 것으로 여기기도 해요.

냉동 인간을 실현시키기 위해 해결할 가장 큰 문제점은 꽁꽁 언 세포를 정상으로 되돌리는 법이에요. 꽁꽁 언 딸기의 겉모습은 멀쩡해도 다시 녹이면 속이 흐물흐물해지는 것을 보았을 거예요. 딸기가 냉동될 때 세포에 들어 있는 수분이 팽창해 세포막이 파괴되어, 녹으면서 세포 안에 있는 끈적끈적한 물질들이 흘러나와 물러지는 거예요.

사람도 마찬가지예요. 냉동 인간이 된 사람을 다시 살릴 때 뇌가 과연 무사할까요? 뇌를 냉동 상태에서 제대로 보존하고 다시 해동시킬 때 뇌의 세포를 무사히 복구하는 기술이 반드시 실현되어야만 해요. 설령 복구를 하더라도 그것이 얼마나 유지될 수 있을지는 알 수 없는 일이지요.

인체 냉동 보존 서비스

미국에는 인체 냉동 보존술을 미래 산업으로 여기는 세계 최대의 인체 냉동 보존 서비스 조직이 있어요. '알코르 생명 연장 재단'이라는 이름의 이 조직은 1972년에 에프렘 에판디어리라는 과학자가 세웠지요. 그는 자기가 100세가 되는 2030년이 되면 냉동 보존술이 성공할 것이라 믿으며 이름을 'FM 2030'이라고까지 바꾸었어요. 그러나 안타깝게도 그는 2000년에 암으로 세상을 떠나 지금은 냉동 캡슐 속에 들어 있답니다.

냉동 인간은 어떻게 만들까요? 먼저 사람이 죽는 순간 시체를 얼음 통에 넣은 뒤 심폐 소생기로 호흡과 혈액 순환 기능을 되살려 산소 부족으로 뇌가 손상되지 않도록 해요. 그 뒤 온몸에 흐르고 있는 피를 뽑고 최대한 빨리 냉동 캡슐이 있는 곳으로 보내지요.

냉동 캡슐이 있는 시설에서는 시체의 가슴을 갈라서 남아 있는 혈액을 모두 없앤 뒤 그 자리에 특수 액체를 넣어요. 이 특수 액체는 세포를 상하지 않게 보호하는 역할을 해요. 그 뒤 시체를 냉동 보존실로 옮겨 특수 액체를 부동액으로 바꾸어요. 부동액은 세포가 냉동되는 과정에서 발생하는 부작용을 줄여 준답니다. 이제 시체를 급속 냉각시켜 냉동 캡슐에 보관해요.

냉동 인간은 무사히 깨어날 수 있을까요? 사람의 뇌는 100억 개가 넘는 신경 세포로 가득 차 있어요. 단 하나의 세포에만 이상이 생겨도 다른 신경 세포들이 동시에 문제를 일으키며 목숨을 위협하지요. 과학자들은 뇌와 생명 현상의 모든 비밀이 풀릴 때 냉동 보존 기술이 실현될 거라고 말해요.

배트맨과 로빈 (Batman & Robin)

애니메이션 〈배트맨과 프리즈 박사〉가 원작인 영화예요. 이 영화를 보면 냉동 인간 기술이 아직 미완성이라는 사실을 알 수 있어요.

빅터 프라이스 박사는 아내를 치료하려고 극저온 냉동 실험을 벌이다가 괴상한 냉동 인간 미스터 프리즈로 변하고 말아요. 미스터 프리즈는 저온 상태를 유지하기 위해 냉동복을 입고 살아야 하지요. 얼어붙은 아내를 살리려고 실험을 벌이는 미스터 프리즈에 대항해 배트맨과 로빈이 싸워요. 냉동 인간이 개인의 욕심을 위한 실험이 되어서는 안 된다는 것을 알 수 있답니다.

•••• Future 🛜

2034-○○-○○

★ 미래뉴스 ★

85 %

세상을 보는 새로운 눈
생생한 상상 뉴스

11
인간 복제

인간의 정신을 다른 대상물로 옮긴다?

세계적인 억만장자 탈로스가 추진하는 '2045 이니셔티브' 프로젝트를 통해 '홀로그램 인간'이 오는 8월 초 모습을 드러낼 것으로 알려졌다. 이 프로젝트는 인간의 정신을 다른 대상물로 옮기는 것이다. 이미 인간의 두뇌를 컴퓨터로 전송하는 기술이 개발되어 프로젝트의 성공 가능성에 대한 기대가 높다. 홀로그램 형태의 가상 신체가 완성되는 셈이다.

앞으로 홀로그램 인간은 인간 복제와 맞물려 논란을 야기할 것으로 예상된다. 체세포 복제를 통해 태어난 신체에 홀로그램 인간의 정신을 옮기면 생명 연장의 꿈을 완벽하게 실현할 수 있기 때문이다. 예컨대 수명이 다해 가는 사람의 정신을 가상 신체로 이식한 뒤 복제 인간에 재이식할 수 있기 때문이다.

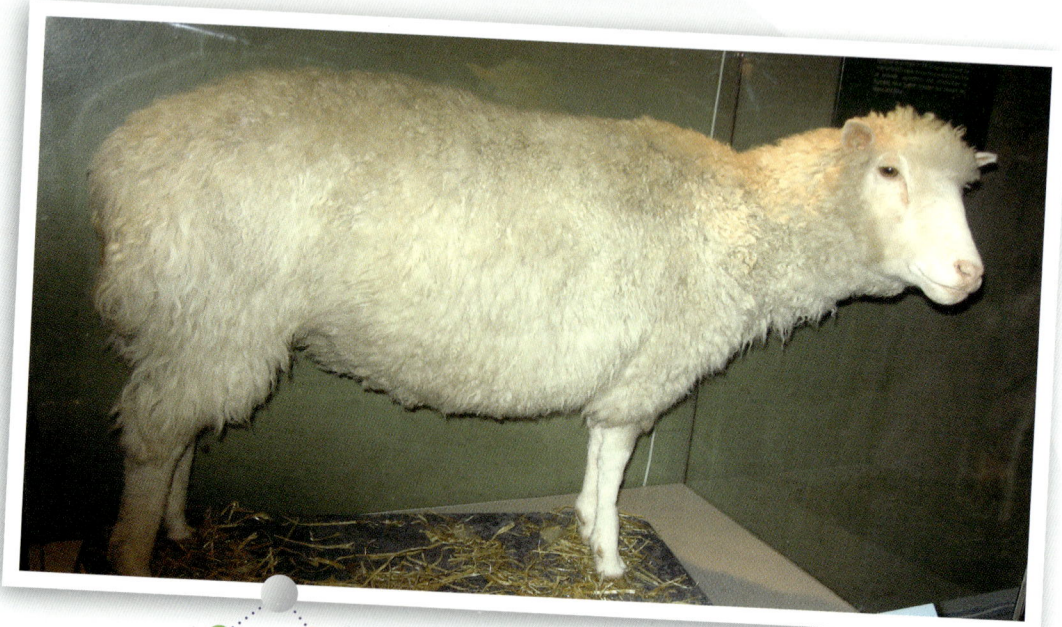

세계 최초의 복제 포유동물 돌리. 다 자란 양의 체세포를 복제하여 태어났어요.

11 인간 복제

요즘은 생명체에 관련하여 *복제라는 말이 흔히 쓰이고 있어요. 그렇지만 우리가 복제라는 말을 사용하기까지는 오랜 시간이 걸렸답니다. 언뜻 생각해도 바이러스나 프로그램의 불법 복제처럼 복제라고 하면 유사품이나 변종 같은 좋지 않은 이미지가 떠오르잖아요. 하물며 생명체에는 더욱 거부감이 있으니까요.

*복제 : 부모와 유전적으로 똑같은 자손을 만드는 거예요. 유전 물질의 유전 정보를 밝혀 완전한 생명체를 복제하려는 연구가 계속되고 있어요.

최초의 생명체 복제는 1952년에 올챙이를 복제한 거예요. 역사가 오랜만큼 많은 과학자들이 생명체 복제에 도전했어요. 1996년에 복제 양 '돌리'가 태어남으로써 생명체 복제는 다시 사람들의 관심을 끌었어요. 우리나라에서도 2005년에 복제 개 '스너피'를 탄생시켰지요.

복제한 동물들은 자연적으로 태어난 동물보다 빨리 늙어서 죽기도 했어요. 그런데도 많은 과학자들이 동물 복제 실험을 계속하는 까닭은 무엇일까요?

복제 양 돌리가 태어난 뒤 인간 복제를 염려하는 목소리가 높아졌어요. 한쪽에서는 동물을 복제한 기술이 사람에게는 통하지 않을 것이라며 인간 복제 가능성을 의심하기도 해요.

복제 실험을 위해 수많은 난자를 구해야 하는 것도 걸림돌이에요. 동물이라면 조금은 쉽게 구할 수 있겠지만 사람의 난자를 구하긴 힘들지요. 또한 이런 연구를 하려면 엄청나게 많은 돈도 있어야 해요. 그러나 지금 이 순간에도 비밀리에 인간 복제 연구가 이뤄지고 있는지도 몰라요.

그런데 과학자들은 왜 인간을 복제하려고 애쓸까요? 가장 큰 이유는

아기를 가질 수 없는 불임 부부들이 자녀를 가질 수 있는 최후의 수단이 인간 복제라고 믿기 때문이에요. 피부 한 조각만 있어도 자식을 만들 수 있는 놀라운 기술이니 의지할 수밖에 없지요.

 만일 사랑하는 부모나 자식이 갑작스레 죽었다면 복제를 통해 다시 살리는 것도 생각할 수 있답니다. 죽음 직전의 상태에서 피부 한 조각을 떼어 내면 유전적으로 모양과 성질이 같은 사람을 만들 수 있으니까요.

 그러나 인간 복제가 이뤄지더라도 '나와 똑같은 나'로 살 수는 없을 거예요. 체세포를 준 원래의 사람과 모든 조건이 똑같은 환경에서 자라게 되지는 않을 테니까요. 아무리 유전자가 같다고 해도 성장 환경이 다르면 각자 다른 성격을 가지게 되지요. 사람을 복제해서 이익을 얻을 사람도 거의 없어요. '복제된 나'가 있다고 해서 지금의 내가 영원한 생명을 누리는 것은 아니거든요.

6번째 날(The 6th Day)

사람과 복제 인간이 좌충우돌하는 이야기가 재미있지만, 영화의 주제가 그리 가볍지만은 않아요. 《성서》에 따르면 신은 천지 창조 6일째에 온갖 짐승과 사람을 만들었어요. 영화에서는 사람도 신과 같이 '가까운 미래'에 완벽한 복제 기술을 갖추게 돼요. 그러나 법적으로 허용되지는 않지요.

아들이 불치병을 앓는 권력자는 인간 복제를 합법화하려고 애쓰고, 복제 회사 사장은 세상을 지배할 욕망에 인간 복제를 진행해요. 사람이 왜 인간 복제의 꿈을 버리지 못하는지 엿볼 수 있는 영화예요.

2034-○○-○○

김아니 기자의
사건으로 보는 미래 과학

구세주 아기, 부모와 친언니 고소!

 맞춤형 아기

"**더 이상 부품으로 살 수는 없다.**"

영국 의회는 지난 2008년 6월 불치병 치료 같은 의료 목적을 위한 '맞춤형 아기' 출산을 허용하는 법률안을 통과시켰다. 유전자를 임의로 '디자인'하여 세상 밖으로 나온 치료용 맞춤형 아기는 혈액암이나 백혈병 등의 불치병을 앓고 있는 형제의 치료를 위해 '생산'된다. 일부에서는 불치병을 치료한다는 의미에서 '구세주 아기'라 부르기도 한다. 영화 〈마이 시스터즈 키퍼〉의 맞춤형 아기 '안나'의 이야기를 통해 맞춤형 아기가 과학의 놀라운 선물인지 반인륜적 괴물인지를 생각해 보자.

난 만들어졌다!
- 안나

세상의 모든 아기는 태어나지만, 나는 언니를 위해 만들어졌어요. 만일 언니가 백혈병 진단을 받지 않았다면 나는 세상 밖으로 나오지 못했을 거예요. 어느 날 아픈 언니 앞에서 엄마는 "난 내 아이를 죽게 놔두지 않는다."고 결심했어요. 그것이 내 운명의 시작이랍니다.

엄마와 아빠는 언니의 백혈병 치료를 위해 온갖 방법을 찾았어요. 하지만 골수 이식으로 인한 거부 반응을 피할 수 없었지요. 그래서 언니의 유전자와 일치하는 맞춤형 아기를 낳기로 결정한 거예요. 인터넷으로 정자와 난자를 구매한 뒤 수정시켜 대리모를 통해 아기를 낳기도 한다는데, 나는 아빠의 정자와 엄마의 난자를 인공으로 수정하여 엄마의 배 속에서 자랐으니 그나마 다행이지요.

수정란이 생성되자마자 세포를 떼어 냈어요. 언니의 세포와 조직 적합성이 일치하는지를 살펴봐야 했거든요. 수정란 4개 가운데 1개가 일치했어요. 만일 조직형이 일치하지 않았다면 나는 수정란 상태에서 폐기됐을 거예요. 어쨌든 다행스럽게 언니와 조직형이 일치해 엄마의 자궁에 착상될 수

생명 과학 이야기

있었어요.

어떤 부모는 취향에 맞는 머리카락 색이나 눈동자 색을 가진 아기를 출산하려고 한답니다. 유전자를 조작해 아기를 디자인하는 것이지요. 인터넷에서 카드로 결제를 하면 수정과 착상, 출산이 원스톱 서비스로 진행되어 집에서 아기를 받을 수도 있다고 하더군요.

> "나는 제대혈과 백혈구, 줄기세포, 골수 등 내 몸의 모든 것을 언니에게 주어야만 했어요."

내가 태어나던 날 엄마와 아빠는 기뻤을 거예요. 그것이 출산의 기쁨이었는지, 언니 치료의 희망 때문이었는지는 모르지만요. 그리고 얼마 뒤부터 나는 제대혈과 백혈구, 줄기세포, 골수 등 내 몸의 모든 것을 언니에게 주어야만 했어요.

나는 늘 언니를 위해 존재해야 한다고 다짐했어요. 하지만 어느 날 생각했어요. 언니를 위해 아낌없이 주는 나의 몸은 어떻게 될 것인지를 말이에요. 나는 내 몸의 권리를 찾기 위해 엄마와 아빠를 고소할 수밖에 없었어요.

사실 오래 전부터 종교계를 중심으로 나와 같은 맞춤형 아기 출산 허용을 반대했대요. 인간의 생명을 임의로 조작하고 상품화하는 것은 옳지 않다는 것이었지요. 또한 생명체와 다름없는 수정란을 조직형이 일치하지 않는다는 이유만으로 폐기하는 것은 생명 경시라는 지적도 있었어요.

여러분은 나의 고소를 어떻게 생각할지 궁금합니다. 태어나지 말아야 할 존재의 이유 없는 반항이라고 생각하는지요? 아니면 그렇게라도 태어난 것을 감사하며 언니를 위해 살아야 하는 것인가요? 또 다른 생각도 있겠지요. 다른 사람들이 나와 같은 처지에 있다면 어떻게 할지 궁금합니다. 지금으로선 태어난 게 미안할 뿐입니다.

대부분의 아기들이 축복을 받으며 세상에 태어나요. 앞으로는 특별한 목적을 갖고 태어나는 아기도 종종 보게 될 거예요.

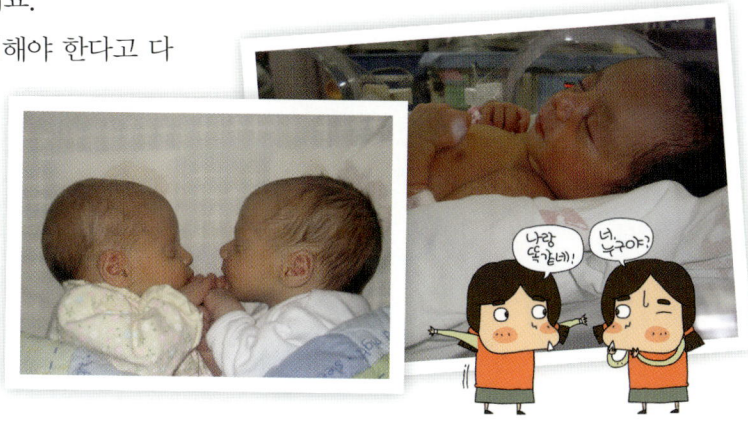

2장
기술 과학 이야기

기술은 놀라운 속도로 끊임없이 진화해요. 오늘의 새로운 기술이 내일이 되면 오래된 유물이 되는 일도 있어요. 각 분야의 첨단 기술이 서로 결합하면서 놀라운 기능을 발휘하기도 하지요.
로봇이나 기계가 생명체를 따라 하게 하거나 일상을 편리하게 바꾸려는 기술 혁명이 곳곳에서 진행되고 있어요. 사람과 기계가 친구가 되는 날도 멀지 않았답니다.
첨단 과학은 정말로 일상생활의 놀라운 변화를 예고할까요? 틀림없이 우리의 생활은 시간이 지날수록 편리해질 거예요. 하지만 첨단 기술에는 우리가 모르는 문제들이 많이 있어요.
2장 기술 과학 이야기에서는 일상을 바꾸는 다양한 기술을 살펴볼 거예요. 눈을 크게 뜨면 첨단 과학의 숨은 문제를 발견할 수도 있지요. 사람을 위한 과학 기술이 무엇인지도 생각해 보세요.

●●●●● Future 📶

2034-○○-○○

★ 미래뉴스 ★

85 %

세상을 보는 새로운 눈
생생한 상상 뉴스

1 휴먼 로봇

로봇, 은행 털이범 잡다

"침입자를 제거해서 기뻐요. 생명을 빼앗고 싶지는 않았는데……." 종합 보안 솔루션 기업 '엑스원' 소속으로 대형 은행 경비원으로 근무하는 휴먼 로봇 '바실리스크'는 은행 털이범을 현장에서 제거한 소감을 묻자 안타까운 표정으로 대답했다. 바실리스크는 로봇 부대 소속으로 전투 현장에서 명성을 떨치다 퇴역하여 경비원으로 활동하고 있다.

온몸에 전자동 무기를 장착하고 전투 현장을 누비던 시절의 풍모는 여전하다. 사람의 감각 기관보다 수십 배나 뛰어난 시각과 청각 등으로 인해 인간 경비원 10여 명의 몫을 수행하고 있다. 하지만 인정사정 없는 전투 능력이 자칫 무고한 시민마저 해칠 수 있다는 비판도 제기되고 있다.

두 다리로 걷는 휴먼 로봇 '휴보(왼쪽)'와 '아시모(오른쪽)'

1 휴먼 로봇

　한국 과학 기술원에는 로봇 연구실이 있어요. 그곳에는 여러 로봇이 있는데 특히 사람처럼 걸을 수 있는 로봇이 많아요. 당장 활용하려고 로봇을 만든다면 로봇이 꼭 사람을 닮을 필요는 없어요. 그런데도 로봇 과학자들이 사람을 닮은 휴먼 로봇 개발에 관심을 두는 것은 이것이 로봇 연구의 기초가 되기 때문이에요. 기계가 손가락을 움직이고 한 걸음씩 걷는 등 사람의 동작을 흉내 내는 것만으로도 큰 의미가 있답니다.

　움직임만 따진다면 로봇이 사람처럼 행동하는 게 그리 먼 미래의 일은 아니에요. 이전의 로봇이 미리 준비된 프로그램에 따라 행동하는 수동적인 존재였다면, 지금의 휴먼 로봇은 *인공 지능을 가지고 외부 상황을 실시간으로 연산해 다음 상황을 예측할 수 있어요. 머지않아 박물관 같은 곳에서 휴먼 로봇들이 안내 도우미로 일하고 있을지도 몰라요.

> *인공 지능 : 사람의 특성인 생각하고 배우고 느끼는 등의 능력을 컴퓨터 프로그램으로 실현한 기술이에요. 사람 말을 알아듣거나, 병을 진단하는 전문 진단 프로그램 등에 인공 지능 기술이 이용돼요.

　지금까지 만들어진 휴먼 로봇 가운데 가장 사람에 가까운 로봇으로는 일본 혼다 자동차사가 개발한 '아시모'를 꼽을 수 있어요. 처음에는 겨우 손과 발을 움직이는 정도였지요. 그러다가 계속 진화하여 사람의 조작 없이도 인간의 의사를 판단해서 반응도 하게 되었답니다. 한때 일본 과학 미래관의 해설자로 일했는데 사람을 이해하지 못해 실수가 많았어요. 이제는 역이나 공항에서 승객들을 유도하는 역할을 하고 있어요.

　우리나라에는 한국 과학 기술원에서 만든 로봇 '휴보'가 있어요. 휴보는 '에버원'과 함께 우리나라 인조인간 개발의 역사를 쓰고 있어요. 2013년에 개발한 '휴보2'는 걷기뿐 아니라 달리기도 가능해요. 아직은 사람보

다 한참 느린 시속 3.6킬로미터일 뿐이지만요. 휴보2는 전신을 자유롭게 움직일 수 있어 음악에 맞춰 춤을 추기도 한답니다.

로봇을 개발한 경험과 기술을 이용하면 언젠가 로봇들이 사람들과 감정을 나누기도 할 거예요. 진짜 가정부처럼 집안일을 돕는 가사도우미 로봇들도 만들어져 사람과 함께 생활하겠지요. 이미 가사 전담 주방 로봇이 개발됐고, 노인을 위한 치매 예방 로봇도 활약이 기대된답니다. 휴먼 로봇 혹은 지능형 로봇이 식구가 될 날이 멀지 않은 셈이지요.

로봇 공학의 발달은 새로운 생물 종의 탄생으로도 이어질 수 있답니다. 복잡한 신체 조직을 대체하는 신경 장치를 이용해 청각, 시각, 동작 등의 기능을 얻고, 특별한 기기를 이용해 균형 감각을 유지하며 자유롭게 움직일 수 있는 거예요. 인공 지능을 갖춘 두뇌에 신경 장치가 몸을 받쳐 준다면 로봇이 사람의 도우미로만 있을 까닭이 없겠지요?

아이, 로봇(I, Robot)

〈아이, 로봇〉은 개인용 로봇이 사람의 노동을 대신하는 2035년을 배경으로 해요. 이 영화는 공상 과학 소설가인 아이작 아시모프가 말한 '로봇이 지켜야 할 원칙들'이 가진 위험과 모순을 의심하는 데서 출발하지요. 사람만의 영역이라고 생각했던 감성과 자유 의지를 가진 로봇의 이야기를 듣고 볼 수 있는 영화예요.

아시모프의 '로봇 3원칙'은 다음과 같아요.

- **제1원칙** : 로봇은 사람을 다치게 해서는 안 된다. 그리고 아무 행동도 하지 않아 위험에 처한 사람을 다치도록 놔두어서도 안 된다.
- **제2원칙** : 로봇은 제1원칙을 어기지 않는 한 사람의 명령에 복종해야 한다.
- **제3원칙** : 로봇은 제1원칙과 제2원칙을 어기지 않는 한 스스로를 보호해야 한다.

•••• Future 🛜   📍⏰ 85% 🔋

★ 미래뉴스 ★

세상을 보는 새로운 눈
생생한 상상 뉴스

✉ 2034-○○-○○

2 곤충 로봇

곤충 로봇, 인질극 해결의 '일등 공신'

초대형 공연장에서 발생한 인질극이 무사히 종결되었다. 지난 일요일 오페라 하우스에 무장 괴한이 난입해 관객 2,000여 명을 상대로 인질극을 벌였으나 인질은 모두 무사히 구출되었다. 이는 특수 진압 부대(SAT)에서 활동하는 곤충 로봇 덕분이었다고 한다. SAT 특수 요원들이 무장 괴한을 진압하기에 앞서 곤충 로봇이 현장 상황을 세세히 파악하여 작전을 수립할 수 있었기 때문이다.

이날 인질극 사실이 알려지자마자 현장에 출동한 SAT 특수 요원들은 인공 지능을 갖춘 곤충 로봇을 공연장 내부에 투입했다. 환기구로 공연장에 들어간 곤충 로봇들은 인질의 위치를 작전 상황실로 실시간 전송했다. 3D 영상으로 현장 상황을 확인한 SAT 특수 요원들은 지체 없이 작전에 돌입하여 무장 괴한을 일망타진했다.

여섯 개의 다리로 움직이는 로봇들. 기복이 심하거나 가파른 경사에서도 걸을 수 있어요.

2 곤충 로봇

 로봇 과학자들이 곤충을 닮은 로봇 개발에 힘쓰는 이유는 무엇일까요? 사람들이 모르는 곤충의 남다른 능력 때문일까요? 사실 뇌의 무게가 1밀리그램도 되지 않는 곤충은 머리가 그리 좋지 않아요. 그런데도 곤충이 지구상에서 가장 많은 종을 유지하는 것은 눈으로 볼 수 있는 각도가 매우 넓다는 장점 때문일 거예요. 곤충은 눈으로 볼 수 있는 각도가 180도 이상이어서 *천적의 공격을 쉽게 피할 수 있다고 해요. 이렇게 곤충의 특징과 장점을 로봇에 옮긴 것이 곤충 로봇이에요.

 곤충 로봇이 제대로 활동하려면 필요에 따라 알맞은 곤충을 빼닮아야 해요. 바퀴벌레를 흉내 낸 로봇은 바닥이 평평하지 않은 지형에서 빠르게 움직일 수 있고, *쐐기를 닮은 로봇은 다리의 끝에 빨판이 있어서 벽을 자유롭게 타고 움직일 수 있어요. 또 곤충마다 크기가 다르듯 곤충 로봇도 파리 크기에서 장수하늘소 크기까지 크기가 다양하며, 각각의 특징에 맞는 임무가 주어질 거예요.

> *천적 : 어떤 생물을 먹이로 삼는 다른 종의 생물을 말해요. 곤충은 종의 수가 많은 만큼 천적 관계가 서로 복잡하게 얽혀진 것이 많답니다.
>
> *쐐기 : 쐐기나방의 애벌레예요. 몸이 짧고 굵으며 엷은 녹색이에요. 몸에 나 있는 독가시가 사람의 몸에 닿으면 피부에 염증을 일으키지요.

 곤충 로봇은 곤충의 눈을 빼닮은 소형 카메라를 갖추고, 곤충의 더듬이와 같은 센서로 대기의 온도, 습도, 화학 성분 등을 측정할 수 있어요. 과학자들이 연구하는 로봇 가운데 '화성 로봇'이라는 뜻의 '마즈봇'이 있어요. 마즈봇은 우주인들이 화성으로 떠나기 전에 먼저 탐사 활동을 벌일 거예요. 아주 작은 전지에서 에너지를 얻고, 인공 근육을 이용해 화성의 지형을 자유롭게 살피겠지요. 이러한 곤충 로봇이 활약하면 화성 탐사를 비롯한 우주 탐사 활동이 좀 더 쉽게 이루어질 거예요.

그러나 로봇이 아무리 좋은 성능을 갖추었다고 해도 배터리가 없으면 쓸모없어요. 작은 곤충 로봇은 배터리로 에너지를 공급받아요. 곤충 로봇의 무게 가운데 3분의 1은 배터리가 차지할 정도이니 배터리의 성능이 곤충 로봇의 운명을 결정한다고 할 수 있지요. 만일 배터리가 금세 닳아 맡은 일을 수행하다 말고 멈춰버리면 큰일이잖아요. 로봇을 작게 만들면 만들수록 그만큼 작고 성능이 좋은 배터리를 만드는 기술도 뒷받침되어야겠지요.

아직까지 곤충 로봇은 실험실 밖에서는 위험을 탐색하는 기능도 제대로 수행하지 못해요. 하지만 로봇 과학자들은 언젠가 곤충 로봇들이 인공 지능을 갖추면 사람의 지시를 받지 않고도 맡은 일을 하기 위해 작전 회의도 할 수 있을 거래요. 소규모 로봇 부대를 만들 수도 있겠지요. 그렇게 하려면 로봇끼리 통하는 언어도 필요할지 모르겠네요. 그때가 되면 사람이 로봇 언어를 배워야 하는 걸까요?

화성 탐사

미국 항공 우주국(NASA)의 화성 탐사 로봇 '큐리오시티(Curiosity : 호기심)'를 아시나요? 큐리오시티는 2011년 11월 미국 케이프커내버럴 공군 기지에서 아틀라스V 로켓으로 발사되어 화성의 '게일'이라는 분화구에 착륙했어요. 개발과 발사에 들어간 돈이 무려 3조 원에 이른다고 합니다. 그러나 무게가 1톤이나 되는 거구이다 보니 한 시간에 144미터밖에 움직이지 못해요. 화성에서 암석 성분을 분석하고 지형을 관찰해 원시 생명체의 흔적을 찾고 있는데 자주 고장나서 나사의 과학자들이 골머리를 앓기도 하지요. 큐리오시티가 호기심을 다 채워 주지 못하면 다음에는 무엇이 또 화성 탐사에 나설지 궁금하네요.

•••• Future 📶   85 %

✉ 2034-○○-○○   ★ 미래뉴스 ★   세상을 보는 새로운 눈
                                        생생한 상상 뉴스

3 사이보그

광컴퓨터를 이식받은 인조인간 '휴머드' 탄생

광자로 만든 메모리 칩과 프로세서인 '마인드 칩'과 '브레인 프로세서'를 장착한 인조인간 '휴머드'가 지난 8일 테크토피아에서 화상 기자 회견을 가졌다. 이 자리에서 휴머드는 "신체는 인공 장기로 만들어졌고 두뇌에는 광컴퓨터가 장착되어 모든 작업을 빛의 속도로 처리할 수 있는 능력이 있다."고 밝혔다.

그동안 첨단 IT 업계에서는 인간의 지능에 근접하는 인조인간 개발에 뚜렷한 성과를 내지 못했다. 광컴퓨터의 지능을 이식할 수 있는 기계적 생체 조직을 개발하지 못했기 때문이다. 하지만 이번에 휴머드가 탄생하면서 '멍청한 로봇 비서'를 대신할 길이 열리게 되었다. 일부에서는 인간을 지배하는 로봇 탄생이라는 비난도 나오고 있다.

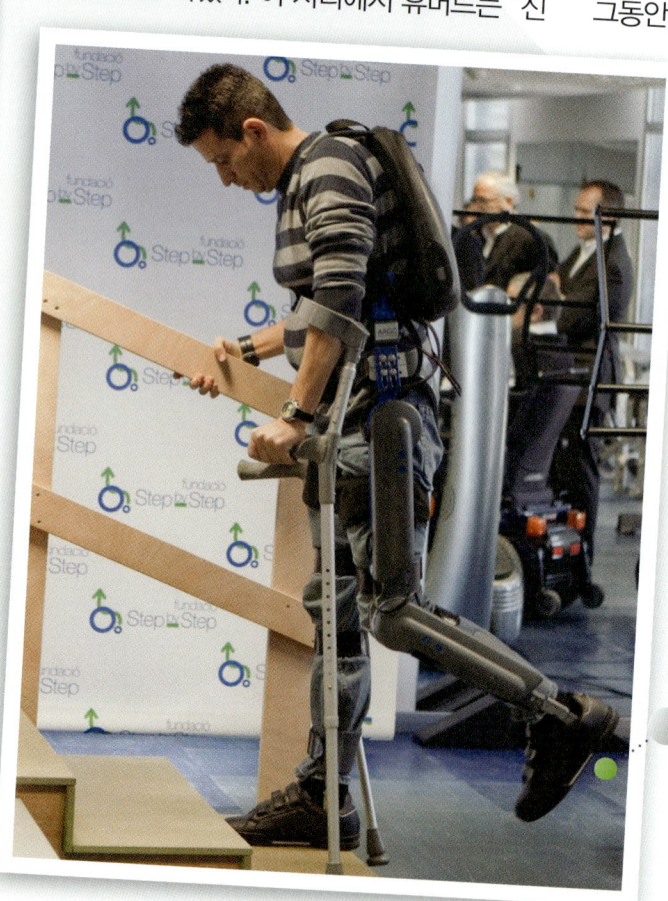

하반신 마비로 걷지 못하는 사람을 위한 로봇 다리 '리워크'.
센서와 원격 조종기를 이용해 걷기, 앉기, 계단 오르내리기 등을 할 수 있어요.

3 사이보그

사람의 뇌와 컴퓨터를 연결할 수 있을까요? 초기 연구자들은 생쥐가 길을 찾게 하는 실험을 통해 가능성을 연구했어요. 생쥐의 수염을 자르고 그 자리에 자극을 주는 장치를 달아 생쥐가 제대로 길을 찾아가면 기쁨을 느끼도록 해서 원하는 길로 이끌었지요.

이러한 장치를 응용하면 팔이나 다리가 없는 장애인들이 뇌에 칩이나 센서 같은 기계 장치를 넣어 로봇 보조 기구를 마음대로 움직일 수 있을 거예요. 몸을 움직이지 못하는 전신 마비 장애인이 생각만으로 휠체어나 인공 손발을 움직일 수 있으면 얼마나 좋을까요?

*사이보그의 핵심 기술은 생물체의 몸에 기계를 붙여 그 생물체의 뜻대로 움직이는 거예요. 사람의 경우 근육에서 생긴 전기 신호나, 뇌에서 보낸 '팔을 움직이고 싶다.'는 뇌파를 기계가 받아 작동하는 거지요.

물론 이러한 결과가 나오기까지 수많은 실험이 있었어요. 이른바 '인공 관절'을 착용한 노인들도 넓은 의미에서는 사이보그라고 할 수도 있겠네요. 하지만 연구자들은 진화된 인간과 기계의 결합을 꿈꾸고 있어요. 바로 사람에게 이식할 수 없기에 동물을 대상으로 실험하기도 했어요. 미국 중앙정보국(CIA)은 1960년에 고양이를 사이보그로 만들려고 했어요. 고양이 몸에 마이크로 칩과 송신기, 안테나 등을 장착해 구소련과의 첩보전에서 활용하려고 한 것인데 실전에는 투입하지 못했다고 해요.

과거 미국의 신경 의학자 필립 케네디 박사는 죽어 가는 전신 마비 환자

*사이보그 : 생물과 기계 장치의 결합체예요. 인공 두뇌학을 뜻하는 cybernetic과 생물(유기체)을 뜻하는 organism의 합성어예요. 사고를 맡은 뇌가 그대로 있다면, 그 외 몸 전체가 기계든 팔이나 다리 일부분이 기계든 그 존재는 사이보그라고 불린답니다.

의 뇌에 전극 장치를 이식했어요. 그런데 환자는 의사 표시를 제대로 하지 못하고 다만 팔의 기능이 조금 되살아났어요. 아무리 죽어 간다 해도 이렇게 사람에게 불완전한 기술을 실험하는 것에 대해서는 논란이 많아요. 그래서 연구자들은 원숭이 같은 영장류를 대상으로 실험을 하지요.

미국 듀크 대학의 신경 생물학자는 붉은털원숭이의 뇌에 전극 물질을 이식했는데, 놀랍게도 원숭이가 생각만으로 로봇 팔을 앞으로 쭉 뻗고 물건을 움켜쥐었어요. 이 실험으로 동물의 뇌신경 세포에 연결된 칩에 적절한 전기 신호를 줌으로써 행동을 조종할 수 있다는 사실을 알게 되었지요. 실제로 미국의 사이버키네틱스사가 개발한 '브레인 게이트'라는 장치를 이식받은 전신 마비 환자는 생각만으로 팔꿈치를 펴고 굽히는 등 움직일 수 있었답니다.

로봇이 인간을 닮으려는 기계의 꿈이라면 사이보그는 기계를 닮을 수밖에 없는 인간의 운명이에요. 어쩔 수 없는 사고로 몸을 기계에 의지하게 된 사람들의 안타까운 선택이지요. 하지만 미래에는 자신의 능력을 좀 더 키우려고 사이보그가 되는 사람들이 생길지도 몰라요. 첨단 과학은 이런 식으로 인간과 기계의 경계를 허물려고 한답니다.

내츄럴 시티(Natural City)

우리나라에서 처음으로 사이보그를 소재로 만든 영화예요. 할리우드 공상 과학 영화에서는 볼 수 없는 사랑 이야기를 다루었어요.
한 남자가 수명이 거의 다해 버려져야 하는 사이보그와 사랑에 빠졌어요. 그는 사이보그를 살리려고 그녀와 유전자가 똑같은 사람 '시온'을 찾아 나서지요. 사람은 사이보그와 사랑을 할 수 있을까요?

● ● ● ● ● Future 🛜　　　　　　　　　📍⏱ 85 %

★ 미래뉴스 ★

세상을 보는 새로운 눈
생생한 상상 뉴스

✉ 2034-○○-○○

살아 있는 세포로 만든 바이오센서로 암을 진단해요

"머리카락 한 올만 있으면 질병을 진단하고 예방도 할 수 있어요." 의료용 바이오센서 연구자인 카론은 초소형 바이오센서로 암을 진단하고 원인까지 밝혀낼 수 있다고 말한다. 의사의 손을 거치지 않고도 개인이 자신의 질병을 진단하여 맞춤형 유비쿼터스 진료를 받을 수 있게 된 것이다.

초소형 바이오센서는 나노 기술과 생명 공학, 정보 기술 등이 결합되어 있다. 나노 기술을 접목한 기전 시스템은 각종 센서와 회로를 나노미터 수준에서 3차원적으로 결합하는 게 가능하다. 작은 칩 안에서 여러 반응을 동시에 살펴볼 수 있는 것이다.

바이오센서는 다양한 용도로 활용할 수 있다. 예컨대 생화학 테러 물질을 재빨리 발견해 대응할 수 있다.

혈액 성분 분석을 통해 간암, 대장암 등을 비롯한 각종 질병의 유무를 확인할 수 있는 바이오센서 칩

4 바이오센서

바이오센서는 유전 공학으로 처리된 *미생물과 *실리콘 칩을 더해 만든 거예요. 온갖 자료를 순식간에 처리하는 반도체와 아무리 나쁜 조건에서도 번식하며 살아남는 미생물이 만나 놀라운 활약을 보인답니다. 만일 나노 기술과 결합되면 암 진단에도 획기적인 진전이 있을 거라고 해요.

바이오센서는 어디에 쓰일까요? 우선 오염 지역을 찾아내 토양과 물을 깨끗이 하는 데 가장 많이 쓰여요. 또 사람이 직접 들어가기 힘든 생화학 물질 오염 지역에서 손쉽게 화학 물질의 종류를 알아낼 수 있어요. 가스 난로나 난방 기구에 달면 가스가 새는 것도 알 수 있지요. 혈중 알코올 농도를 측정하는 측정기에도 바이오센서가 들어 있어요.

> *미생물 : 눈으로는 볼 수 없는 아주 작은 생물이에요. 동물과 식물의 개념으로는 설명할 수 없는 생물 무리를 모두 일컫는 것으로 바이러스도 여기에 속하지요. 미생물은 현미경으로만 관찰할 수 있답니다.
>
> *실리콘 : 규소라고도 불리는 짙은 회색의 단단한 원소예요. 컴퓨터 칩이나 태양 전지 같은 전자 장비를 만드는 데 널리 쓰여요.

바이오센서에서 중요한 역할을 하는 것은 미생물이에요. 미생물은 다양하게 활용되며 심지어 아주 새로운 생물체로 재탄생하기도 해요. 분자 생물학이라는 말을 들어 봤나요? 분자 생물학은 생물학을 연구하는 방법이에요. 그동안 분자 생물학은 생물체를 잘게 쪼개는 연구에 치중했어요. 그런데 어느 정도 생물체의 비밀이 밝혀지자 쪼갠 것을 모으는 방향으로 연구가 진행되고 있어요. 유전 공학으로 생물체를 만들어 내는 '합성 생물학'이라고 할 수 있지요. 자연 세계에 존재하는 생물 시스템을 재설계하거나 자연에 존재하지 않는 생물 구성 요소와 시스템을 제작하는 기술이에요. 마치 자동차의 부품을 바꾸듯 생물체의 DNA를 바꾸어 완전히 새로운 기능의 생물체를 만드는 거예요.

예를 들어 폭발을 일으키는 물질을 자연 분해하는 특정 미생물이 있다고 해요. 이 미생물이 폭발물을 찾을 때 빛을 낸다면 지뢰 같은 폭발물이 묻혀 있는 곳을 쉽게 찾겠지요. 미생물의 유전자로 회로를 만들어 기계에 달면 살아 있는 지뢰 검출기가 되는 거예요. 이러한 쓸모 때문에 과학자는 세포를 재설계해서 새로운 생물체를 만들려고 해요.

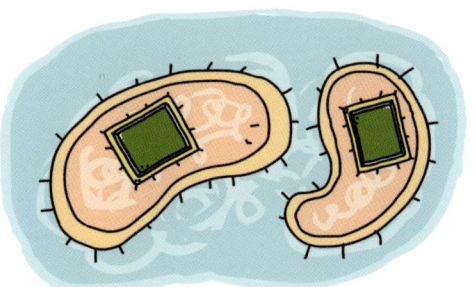

화학 물질은 땅속과 물속은 물론 공기에서까지 사람의 삶을 위협하고 있어요. 이때 바이오센서를 이용한 인조 생물체가 환경 해결사 구실을 톡톡히 할 수 있으리라 생각해요. 그런데 인조 생물체가 널리 쓰이면 새로운 병원균이나 생물 무기가 만들어질 수도 있겠지요? 그래서 연구자들의 고민도 깊어 가요.

더 알아보기

생물 무기

병균 같은 해로운 미생물이나 그 미생물이 만드는 독을 사용하는 무기를 생물 무기라고 해요.

미생물은 김치·술·치즈 등 발효 식품을 만들어 줘요. 또 더러운 물을 깨끗하게 하고 산소·천연가스·석유 등을 만드는 것도 알고 보면 미생물 덕분이지요. 그런 미생물이 무기로 사용되면 무서운 공포를 불러일으킬 수 있답니다. 만약 독성을 가진 미생물이 무기로 사용돼 뿌려진다면 호흡이나 상처, 오염된 식품 등을 통해 사람 몸속으로 들어가 감염된 사람이 죽음에 이르지요.

생물 무기는 아주 적은 양이라도 수백만 명의 사람을 죽이는 끔찍한 무기가 될 수 있어요.

Future

2034-○○-○○

★ 미래뉴스 ★

세상을 보는 새로운 눈
생생한 상상 뉴스

미세 입자가 어둠을 밝히다

'나노 기술' 시연회가 지난 12일 '현대판 노아의 방주'라 불리는 나노 체험 센터에서 열렸다. 이날 시연회에서 참가자들의 눈길을 사로잡은 것은 '나노 페인트'였다.

행사가 진행된 중앙 홀에는 전등이 하나도 없었다. 모든 참가자들이 행사장에 들어서자 출입문이 닫히고 어둠 속에서 사회자가 등장했다. 사회자가 버튼을 누르자 놀라운 풍경이 연출되었다. 곧바로 벽면이 환한 불빛으로 채워진 것이다. 다른 버튼을 누르자 벽면의 불빛 색깔과 밝기가 바뀌었다. 불빛 색깔이 바뀔 때마다 다른 이미지를 보여 주기도 했다.

전기 요금 걱정 없는 나노 페인트는 다양하고 색다른 분위기를 연출하는 데에 유용하게 쓰일 것으로 전망된다.

반사형 나노 소재를 이용한 색이 변하는 필름으로, 실·내외 인테리어 제품에 활용할 수 있어요.

5 나노 기술

전자 현미경을 통해 본 인체는 세포 하나하나가 그야말로 예술 작품처럼 아름다워요. 맨눈으로는 볼 수 없는 세계가 그렇게 정교하게 만들어졌다는 것이 정말 놀랍지요.

'나노'라는 말은 난쟁이를 뜻하는 고대 그리스 어 '나노스'에서 나왔어요. 나노의 특징은 한마디로 눈에 보이지 않을 정도로 작다는 거예요. 이러한 나노의 세계에 대해 처음 소개한 사람은 노벨 물리학상을 받은 리처드 파인먼 박사예요. 파인먼 박사는 원자와 분자들을 마음대로 조절할 수 있다면 새로운 기술 세상이 열릴 것이라고 내다봤어요.

현재 우리가 물체를 만드는 방식은 물질을 깎아서 원하는 모습으로 만들어 내는 거예요. 그런데 레고 블록 쌓기처럼 원자나 분자를 하나씩 쌓아 조립하는 방식으로도 물체를 만들 수도 있어요. 나노의 세계를 잘 이해하고 조작할 수 있다면 이러한 방식으로 새로운 물체를 만들 수 있겠지요. 예를 들어 연필심과 다이아몬드는 같은 탄소원자(C)로 이루어졌어요. 원자의 배열만 다르지요. 만일 나노 수준에서 연필심의 배열을 조절한다면 연필심으로 다이아몬드를 만들 수도 있어요.

아직까지 *나노 기술은 미세한 나노 입자를 쌓아 올리는 방법보다는 조금 큰 것을 작게 깎아 내는 방식으로 나노의 세계에 들어가고 있어요. 그런데 물질의 크기를 계속 작게 깎아 나가다 보면 이전과는 전혀 다른 특성을 보여요. 노란색 금을 계속 잘라 수십 *나노미터 크기까지 자르

> *나노 기술 : 나노미터 수준에서 물질을 다루어 지금까지 없었던 새로운 물질을 만드는 기술이에요. 나노 기술을 개발하려면 원자를 마치 공을 다루듯 옮기거나 쌓는 정밀한 기술 조작이 필요해요.
>
> *나노미터(nm) : 1나노미터는 10억분의 1미터예요. 사람 머리카락 한 올의 약 1만분의 1정도 두께지요. 원자 3~4개를 합친 크기인데, 이 원자를 10억 배 확대해야 포도알 하나 정도의 크기가 된답니다.

2장 | 기술 과학 이야기

면 빨간색으로 보이는 것처럼요.

 나노의 세계에서는 물질의 색깔과 형태만 바뀌는 게 아니에요. 물질의 크기를 아주 작게 하면 표면적이 커지면서 화학 반응이 활발하게 일어나요. 살균력이 뛰어난 은나노 세탁기, 주름살을 없애 준다는 나노 화장품 등이 그 원리를 이용한 거예요. 또 나노 분말을 이용해 약품을 만들면 몸에 흡수되는 속도가 빨라 약효가 높아질 것이라고도 기대해요.

 나노 기술이 정말 편안한 미래를 만들어 줄까요? 아직까지는 나노 세계에서 일어나는 일들을 정확히 알 수 없기 때문에 확실하게 말할 수 없어요. 물질의 크기가 작아지면서 독성이 강해져 예기치 않은 문제를 만들 수도 있거든요. 석면이 덩어리일 때는 별 문제가 없지만 입자 상태일 때는 호흡기를 통해 몸속에 들어가 심각한 질병을 일으키는 것처럼요. 우리 몸은 나노 분말보다 천 배 이상 큰 마이크로 입자를 걸러낼 수 있을 뿐이에요. 나노 물질을 거를 만한 장치는 없답니다.

영화로 과학 보기

갤럭시 엔젤(Galaxy Angel)

만화를 원작으로 한 일본의 애니메이션이에요. 나노 기계가 활동하는 먼 미래가 배경이지요.
나노 기계는 나노 입자들이 로봇처럼 활동하는 거예요. 만일 나노 기계가 만들어지면 몸속 혈관을 타고 들어가 암세포를 공격하는 식으로 난치병을 치료할 것으로 기대돼요.
아직까지 나노미터에 다가가는 길은 열려 있지 않아요. 나노 기계가 활약하는 미래는 과연 어떠할까요?

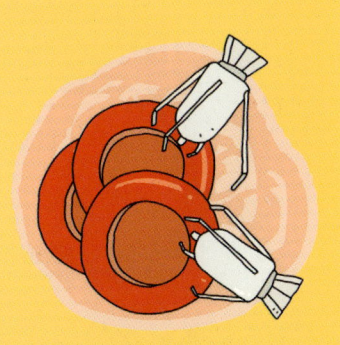

•••• Future 📶 85 %

★ 미래뉴스 ★

세상을 보는 새로운 눈
생생한 상상 뉴스

2034-○○-○○

하늘을 나는 스카이 카 규제 강화

스카이 카 시대가 본격적으로 열리면서 정부가 관련 법 제정에 나섰다. 교통국에서는 스카이 카의 안전 규정을 명확히 하고, 고도를 제한하는 등의 조치를 취할 것으로 알려졌다. 이러한 조치는 스카이 카로 인해 사생활 침해가 일상화되고, 추락 사고로 무고한 인명이 희생되고 있다는 판단 때문이다.

도심에서 벗어난 지역에 전원주택을 마련한 40대 남성 미다스는 "정원에서 일광욕을 즐기는데 스카이 카가 공중에서 배회하여 참을 수가 없었다."고 말했다. 뿐만 아니라 사고의 위험도 문제로 지적된다. 빌딩 옥상의 주차장에 멈추는 과정에서 추락 사고가 빈번해 스카이 카 소유주 빌딩 부근은 장사가 되지 않는다고 한다.

미국 테라푸지어에서 만든 하늘을 나는 자동차 '트랜지션'. 땅에서는 날개를 접고 자동차로, 하늘에서는 날개를 펼치고 비행기로 다닐 수 있어요.

6 스카이 카

 꿈의 자동차 시대에 이미 접어든 것인지도 몰라요. 멀지 않아 뇌성 마비 장애인도 운전을 할 수 있을 것이라 해요. 조이 스틱 같은 운전 장치가 없어도 뇌파를 이용해 운전하는 인공 지능 자동차가 나올 테니까요. 자동차에 인공 지능을 넣으면 사람이 운전을 할 때보다 사고가 덜 일어날지도 몰라요. 자동차 스스로 안전거리를 지키면서 속력을 줄이는 등 위험한 상황을 피할 테니까요. 이미 가속이나 제동 페달을 밟지 않아도 자동으로 입력한 목적지에 도착해 멈추는 자동차가 나왔어요.

 자동차의 겉모습도 달라지고 있어요. 차의 몸체가 무거우면 연료를 많이 소비하므로 가볍고 값싸면서도 강력한 소재를 찾는 것이지요. 날아다니는 자동차를 만들려면 차체가 특히 가벼워야 해요. 이렇게 자동차를 만드는 재료의 개발과 기계의 기능을 혁신하면서 하늘을 나는 자동차가 현실적으로 쓰일 날이 가까워지고 있어요.

 하늘을 나는 자동차는 1950년대부터 사람들의 관심을 끌었어요. 1956년에 미국의 몰튼 테일러는 '에어로카'를 개발했어요. 하지만 에어로카는 거추장스러운 날개가 있었어요. 그 뒤 에드워드 스위니가 만든 '로터스 엘리스'는 2인승 스포츠카를 닮은 몸체에 분리가 가능한 날개와 프로펠러를 달아 날 수 있도록 했지요.

 얼마 전에 미국의 한 항공사가 개발한 'M400 스카이 카'도 관심을 모으고 있어요. 스카이 카는 4인승 자동차로 항공기의 빠른 속도와 헬리콥터의 수직 이착륙 능력을 더한 거예요. 디자인은 *공기 역학적 기능을 살려 만들었

> *공기 역학 : 공기나 다른 기체가 어떻게 움직이는지, 기체 속에서 움직이는 물체에 어떤 힘을 미치는지 연구하는 학문이에요. 공기 역학을 통해 비행기가 나는 원리를 설명할 수 있어요.

는데 마치 빨간 박쥐를 떠올리게 해요. 알코올을 연료로 사용하여 연비도 좋다고 합니다. 헬리콥터와 달리 자동차 운전면허증만 있으면 하늘을 날 수 있는 시대가 오고 있어요.

　바퀴 달린 자동차가 하늘을 나는 장면은 정말 상상만 해도 재미있겠지요? 패러글라이더와 자동차가 결합된 모습을 하고 있는 간단한 스카이 카가 선보이기도 했어요. 낙하산이 달린 자동차라고 할 수 있지요. 하지만 대중화에는 어려움을 겪고 있어요. 그래서 일부에서는 자동차 모양의 스카이 카보다 개인 비행체, 비행 스쿠터 등이 먼저 널리 팔릴 것으로 예상하기도 해요.

　문제는 안전성에 달려 있어요. 자동차 자체의 안전성도 중요하지만 공중에서의 충돌을 막을 수 있는 교통 체계를 만드는 게 무엇보다 중요해요. 하늘을 나는 자동차는 땅 위를 달리는 자동차보다 훨씬 위험하고 기후 변화 같은 다양한 위험에 처할 수 있거든요.

 영화로 과학 보기

블레이드 러너(Blade Runner)

라이트 형제가 최초로 비행기를 타고 하늘을 난 뒤 날고 싶은 사람의 꿈을 실현하려는 다양한 방법이 시도됐어요. 그러나 비행기만큼 편하게 날 수 있는 운송 수단은 개발되지 않았지요. 대신 그 꿈은 환상적인 상상력을 발휘한 영화들을 통해 이뤄지고 있어요. 2019년, 미국 로스앤젤레스를 무대로 삼은 영화 〈블레이드 러너〉에는 미래형 자동차 스피너가 등장해요. 스피너는 도로가 막히면 하얀 연기를 내뿜으며 거대한 빌딩 숲 사이로 가볍게 날아올라요. 운전자는 기기를 조작하는 대신 지능형 교통 시스템을 이용해요. 하늘을 날던 스피너는 고층 건물 옥상에 사뿐히 내려앉기도 하지요.

미래뉴스

7 원격 로봇

거실 안락의자에 앉아 검진과 수술까지

당신이 좋아하는 안락의자가 종합 검진 및 수술용 의료 기기로 거듭난다. 웰컴메디컬이 개발한 '헬스체어'에는 다양한 바이오센서와 원격 조정 카메라 등이 장착되어 있다. 체중과 혈압, 심장 박동, 혈액 산소 농도, 동작 반응 시간 등의 생체 신호를 측정하는 것은 물론이고 의료 전문가가 원거리에서 의자를 조정해 원격 조정 수술대로 활용할 수도 있다.

이 헬스체어에 장착된 원격 의료용 'U로봇'은 안락의자를 펼치는 순간 자동으로 돌출되어 의료 활동을 척척 진행한다. 마치 거리의 소화전이 버튼을 누르면 밖으로 나오는 식이다. 화상을 이용해 초음파와 MRI 촬영이 가능하고 뇌졸중이나 정신 치료 프로그램을 활용할 수도 있다. 또한 U로봇에 장착된 로봇 팔은 외과용 수술도 거뜬히 수행한다.

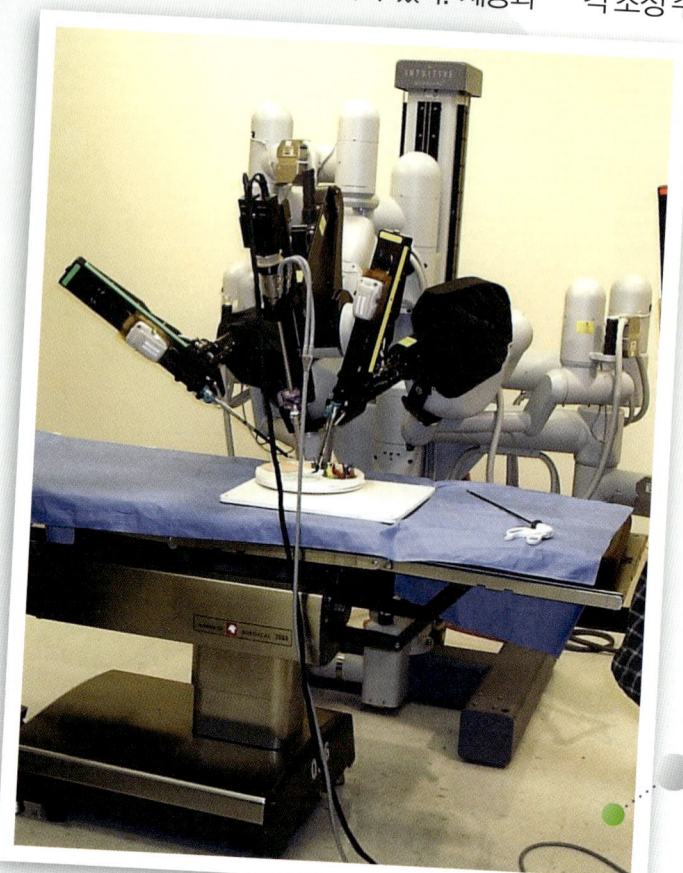

의사의 조작으로 수술을 하는 외과 수술용 로봇 '다빈치'

7 원격 로봇

로봇이 수술하는 시대가 열리고 있어요. 우리나라에서도 연세대 세브란스 병원이 2005년에 최초로 외과 수술용 로봇인 '다빈치'를 들여와 무사히 수술을 마쳤답니다. 다빈치는 의사의 지시에 따라 환자의 몸에 구멍을 뚫은 뒤 카메라가 있는 소형 장치를 단 팔을 몸속에 넣어요. 이때 다빈치가 모든 것을 홀로 처리하는 것은 아니에요. 다빈치를 능숙하게 조작하는 의사가 있어야 해요. 의사는 3차원 입체 영상을 보면서 조이 스틱을 움직여 다빈치의 팔이 수술을 하도록 이끌어요. 다빈치의 팔은 사람의 손보다 가늘고 떨림이 적어요. 그래서 수술 부위의 다른 신경 세포를 건드리지 않아 부작용을 크게 줄일 수 있어요.

로봇 수술에서 가장 큰 어려움은 의사가 몸속의 조직을 직접 만질 수 없다는 거예요. 연구자들은 의사가 모니터에만 의존하지 않고 촉감 센서를 이용해 직접 수술 부위를 만지는 듯한 느낌을 갖게 하려고 노력하고 있어요. 또 다른 과제는 수술 로봇의 크기를 줄이는 거예요. 다빈치만 해도 무게가 600킬로그램이 넘어 대형 수술실이 아니면 설치할 수가 없어요. 수술 로봇의 크기를 줄이지 않으면 군대 같은 특수 지역에서 원격 수술용으로 활용하기가 힘들겠지요.

미국에서는 로봇이 수술을 하는 원격 진료 시스템을 개발하고 있어요. 이 시스템에 따르면 군인이 큰 부상을 당하면 곧바로 응급 수술실을 갖춘 *무인 후송차가 달려가요. 자동차 안의 수술 침대에 부상병을 옮겨 누이면 몸을 살피는 장비가 작동돼 다친 곳을 찾고 진단을 내린답니다.

*무인 후송차 : 사람이 운전하지 않고 미리 정보를 입력하거나 원격지에서 실시간으로 정보를 전해 자동으로 목적지를 찾아가는 첨단 자동차예요.

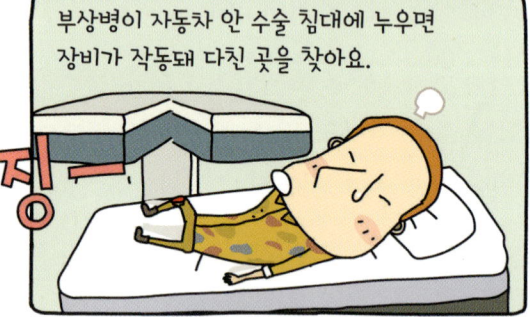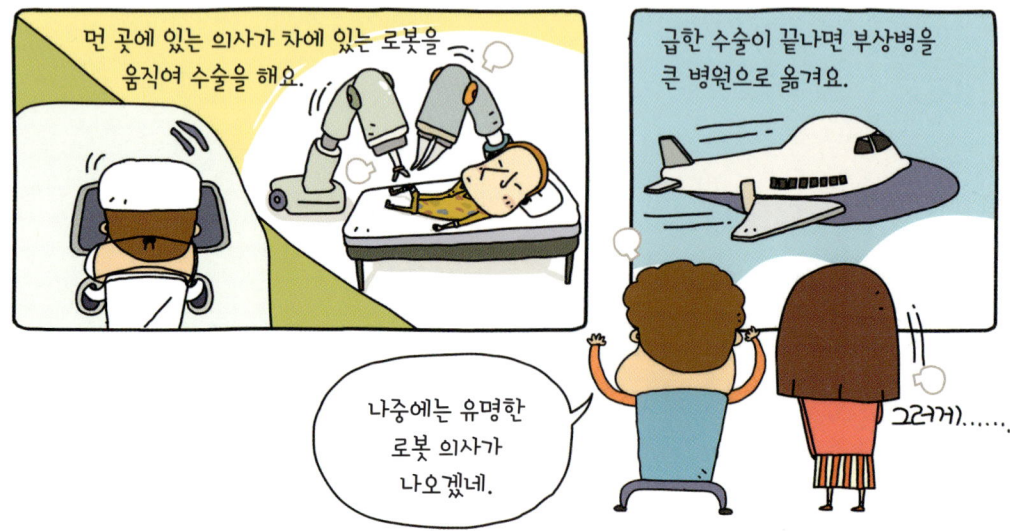

이어서 멀리 떨어진 곳에 있는 의사가 차에 있는 로봇을 작동시켜 수술을 시작해요. 이런 상황에서 수술 로봇이 너무 크다면 재빠르게 움직일 수가 없겠지요? 급한 수술이 끝나면 무인 비행기가 출동해 병사를 싣고 큰 병원으로 옮겨요.
이러한 원격 진료 시스템은 의사나 병원이 드문 산골이나 섬 지역의 주민을 위해서도 쓰일 수 있어요.

수술실에서는 의사뿐만 아니라 간호사도 자취를 감출지 몰라요. 미국에서는 이미 의사를 돕는 간호사 로봇이 개발되었어요. 로봇 간호사 '페넬로페'는 3년 동안 간호사 수업을 받으면서 음성에 반응하는 방법을 익혔어요. 또 수술 도구 다루는 법을 배워 수술을 하는 의사가 필요한 도구를 말하면 척척 전해 주는 기능을 맡고 있답니다. 머지않아 수술받을 일이 생기면 수술 로봇에게 갈까, 의사를 찾을까 고민하게 될지도 몰라요.

더 알아보기

로봇 수술은 안전한가

국내에 로봇 수술이 도입된 2005년 이후 2011년까지 2만여 명이 수술을 받았어요. 이 가운데 사망한 사람은 18명이라고 해요. 수치로만 보면 사망률이 높은 것은 아니지요. 그런데도 위험하다고 생각하는 사람들이 많아요. 아마도 수술은 의사가 직접 해야 한다는 생각 때문이겠지요. 더구나 로봇 수술은 기존 수술보다 2배 이상의 비용이 들어요.
그럼에도 불구하고 세계적으로 로봇 수술이 늘어나는 추세임은 틀림없어요. 로봇 수술에 건강 보험을 적용하면 로봇 수술을 찾는 사람이 훨씬 늘어나겠지요.

••••• Future 📶   ↑ ⏰ 85% 🔋

★ 미래뉴스 ★

세상을 보는 새로운 눈
생생한 상상 뉴스

✉ 2034-○○-○○

8 플라스마

플라스마로 첨단을 열고 우주까지 간다

시대가 바뀌면서 예전에는 관심을 두지 않았던 물질이 새롭게 주목을 끌기도 한다. 때로는 위험한 것으로만 여겨지던 물질이 미래를 약속하는 기술의 씨앗이 되는 경우도 있다. 우주의 높은 온도나 압력 상태에서 만들어진 플라스마는 거대한 폭발력을 지녀 위험한 물질의 대명사였다.

하지만 최근에는 첨단 기술에 다양하게 적용되면서 일상의 편리함을 주도하며 첨단 세계로 통하는 열쇠 구실을 한다. 얼마 전에는 플라스마 엔진을 실은 우주선이 이전의 우주선보다 10배나 빠른 속도로 화성에 도착하기도 했다. 기존에 있던 제품이라도 플라스마가 들어가면 마술을 부린 듯 첨단 기기로 바뀌는 양상이다.

북극 지방 밤하늘에서 볼 수 있는 오로라는, 태양에서 방출된 플라스마의 일부가 지구 자기장에 이끌려 대기로 진입하면서 공기 분자와 반응하여 빛을 내는 현상이에요.

8 플라스마

얼마 전까지만 해도 *PDP 텔레비전은 부의 상징으로 여겨졌어요. 이 PDP 텔레비전의 핵심 기술이 플라스마예요. 유리 두 장을 포갠 틈새에 있는 작은 방에 네온과 아르곤 같은 가스를 채우고 전극에 전압을 가해 기체를 플라스마 상태로 만들어요. 이 플라스마 상태에서 형광체가 원하는 색깔의 빛을 만들지요.

*PDP 텔레비전 : 화면이 크고 두께가 얇아 벽에 걸 수도 있는 텔레비전이에요. PDP는 Plasma Display Panel의 약자예요. 플라스마 현상을 이용해 만든 여러 색깔의 빛이 화면에 풍부한 색감을 나타내지요.

그러면 플라스마는 무엇일까요? 기체의 온도가 2,000도쯤 올라가면 가스 분자가 쪼개져 원자 상태가 되고, 약 3,000도에서는 원자에서 전자가 떨어져 나가 이온화가 되어요. 이런 상태의 가스를 플라스마라고 해요. 이때는 전하 분리도가 상당히 높으면서도 전체적으로 음과 양의 전하수가 같아서 중성을 띠게 됩니다.

우주에서는 대부분이 플라스마 상태로 존재해요. 지구에서도 플라스마를 관측할 수 있어요. 지구 에너지의 원천인 태양, 지구를 둘러싼 전리층, 극지방의 하늘을 물들이는 오로라, 한여름 구름에서 볼 수 있는 번개 등이 바로 플라스마 현상이에요. 대기 밖으로 나가면 지구 자기장 속에 이온들이 잡혀서 이루어진 밴앨런대, 태양으로부터 쏟아져 나오는 태양풍 속에도 플라스마가 있어요. 별 사이의 공간을 메우고 있는 수소 기체도 플라스마 상태입니다.

각 가정에 있는 제품에서도 인공적인 플라스마를 찾을 수 있어요. 형광등이나 네온사인은 방전에 따른 플라스마 상태에서 빛을 내는 거예요. 또 고압 전류를 흘릴 때 플라스마 상태에서 나오는 오존은 나쁜 냄새를

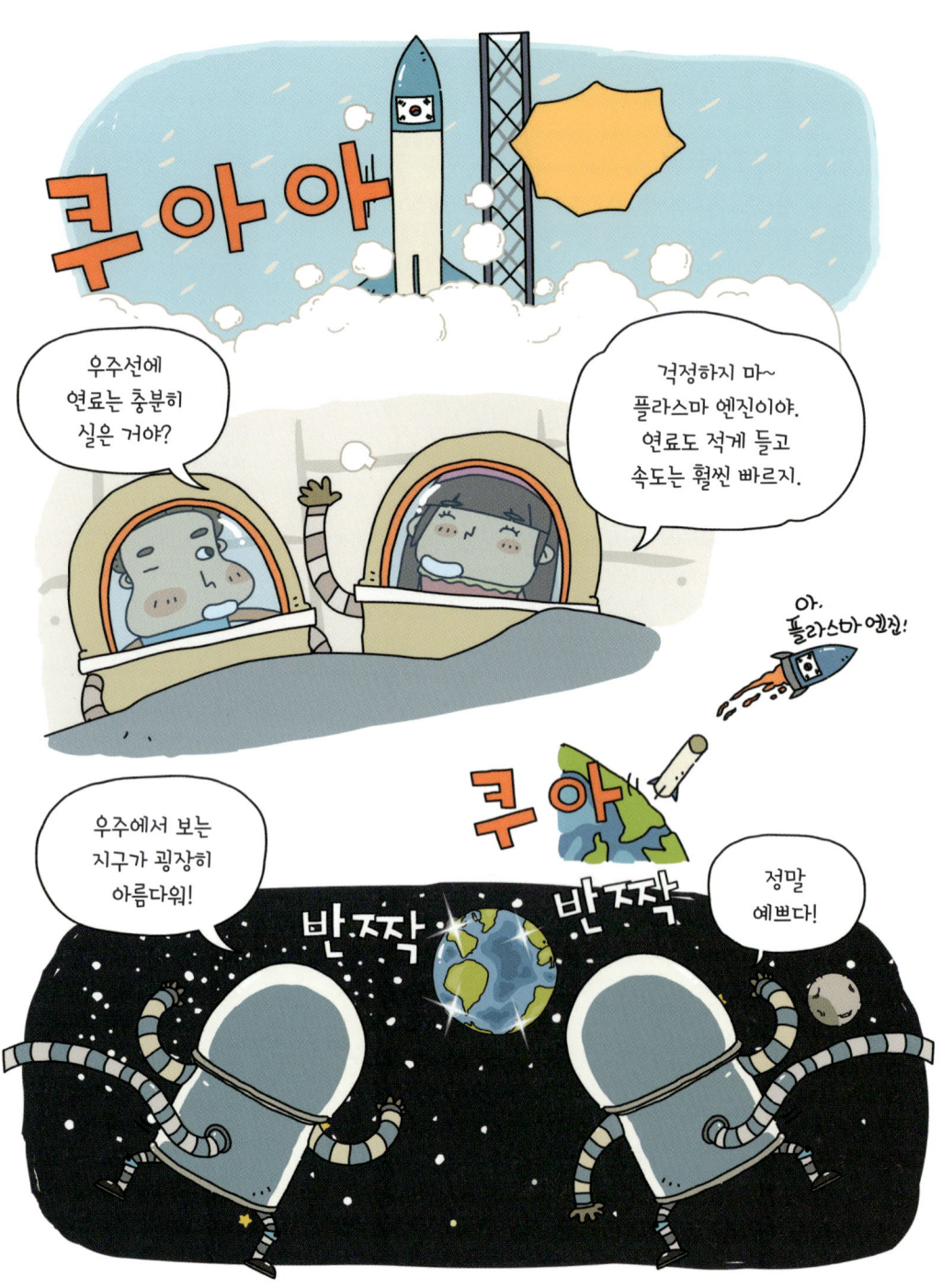

없애는 능력이 뛰어나 탈취제나 공기 청정기 등에 쓰인답니다. 만일 쓰레기 소각장에 플라스마를 이용한 장치를 설치한다면 굴뚝에서 나오는 해로운 가스를 없앨 수도 있을 거예요.

그러나 플라스마는 폭발력이 너무 강해서 쉽게 이용하기 어려워요. 그런 플라스마를 효과적으로 이용하는 기술이 점점 개발되면서 첨단 기술로 통하는 중요한 구실을 하는 거예요. 기존의 물질 합성이나 가공 방법으로는 만들지 못했던 새로운 물질을 만들 수도 있지요. 특히 플라스마의 놀라운 폭발력은 우주로 가는 길을 열 것으로 기대돼요.

현재의 우주 왕복선은 엄청난 양의 화학 연료를 싣고 가야 하는 탓에 오랜 시간이 걸리는 행성 사이의 여행에는 사용할 수가 없어요. 이때 '플라스마 엔진'을 우주선에 싣는다면, 훨씬 적은 양의 연료로 기존 우주선보다 10배나 빠른 속도를 낼 수 있답니다. 앞으로 플라스마를 사용하거나 응용할 수 있는 분야는 무궁무진해요. 핵융합 에너지를 만들어 내는 인공 태양도 따지고 보면 우주의 플라스마를 인공적으로 만들어 내려는 거예요.

플라스마 상태

일반적으로 물질의 상태는 고체·액체·기체 등 세 가지로 나뉘어요. 거기에 덧붙여 플라스마를 '제4의 물질 상태'라고 부르기도 하지요. 고체에 에너지를 가하면 액체, 기체로 되고 다시 이 기체 상태에 높은 에너지를 가하면 원자 속의 전자가 분리되어 플라스마 상태가 됩니다.

플라스마를 만들려면 흔히 직류, 초고주파, 전자빔 등 전기적 방법을 가해 플라스마를 생성한 다음 자기장 등을 사용해 이런 상태를 유지하도록 해야 합니다. 인공적으로 만들기는 쉽지 않지만 우주 전체의 99퍼센트가 플라스마 상태라고 할 수 있어요.

•••• Future 🗧　　　　　　　　↗ ⏰ 85 % 🔋

✉ 2034-○○-○○

★ 미래뉴스 ★

세상을 보는 새로운 눈
생생한 상상 뉴스

9 · 3D 프린팅

3D 프린팅으로 복제한 무기, 사회 문제화

경찰이 지난 25일 로봇 공학 센터에 무단으로 침입한 뒤 달아난 무장 청소년들을 검거했다. 이들이 사용한 여러 총기는 3D 프린팅 기술로 만든 것으로 출입 과정에서 금속 탐지기도 무사 통과했던 것으로 알려졌다. 인터넷에서 총기류 설계 도면을 입수한 이들은 휴머노이드 로봇을 훔치려 했다고 밝혔다.

이처럼 3D 프린팅 기술이 대중화되면서 총기류 복제가 사회적 문제로 떠오르고 있다. 다양한 무기의 설계도만 입수하면 손쉽게 복제품을 만들어 낼 수 있기 때문이다. 이에 정부는 무기 설계 도면에 대하여 총기류 관리에 버금가는 관리를 하기로 했다. 설계 도면의 유통을 차단하려는 조치이다.

3D 프린터는 플라스틱, 금속뿐만 아니라 세포까지 다양한 재료를 이용하여 복잡한 모양도 한 번에 인쇄할 수 있어요.

중세 유럽에서 유행했던 연금술을 알고 있나요? 고대 그리스의 4원소설에 근거한 중세 연금술은 물과 공기, 불, 흙 등 4가지의 구성비만 알면 원하는 물질을 마음대로 바꿀 수 있다는 것이죠. 연금술사들은 불로장생약과 보석을 만들려고 했답니다. 때로는 싸구려 소재로 귀금속을 만들었다고 해서 문제가 되기도 했어요.

그러한 연금술이 21세기에 재현될 조짐을 보이고 있어요. 3D 프린팅이라는 기술이 그것입니다. 3D 프린팅은 평면이 아니라 입체적인 형상을 프린트하는 거예요. 설계도와 플라스틱 소재를 이용해 물건을 척척 만들어 낼 수 있어요. 종이를 복사하듯 물체를 뚝딱 찍어내니 놀랍기 그지없지요.

만일 권총 설계도가 있다면 3D 프린팅 기술을 이용해 누구나 플라스틱 권총을 만들 수 있어요. 실제로 3D 프린팅으로 만든 플라스틱 권총으로 실탄을 쏠 수도 있어요. 그렇게 만든 권총은 금속 탐지기에도 걸리지 않으니 범죄에 사용된다면 큰일이 아닐 수 없지요. 그래서 미국 연방정부는 플라스틱 권총 설계 도면 배포를 중지시키기도 했어요.

그렇다고 3D 프린팅 기술을 멀리해야만 하는 것은 아닙니다. 인류의 삶에 여러 가지로 보탬이 될 수 있으니까요. 중세 연금술이 속임수로 여겨졌지만 18세기 후반에 탄생한 근대 화학의 토대가 되었던 것처럼 말이에요. 무엇보다 사회적으로 위험을 부를 만한 내용을 사전에 제거하는 게 중요하겠지요.

이미 3D 프린팅을 이용한 제품들이 나오고 있어요. 장식용 공예품이

나 플라스틱 식기 등은 쉽게 만들 수 있고, 총기나 가습기, 열쇠 같은 크고 복잡한 물건을 만들어 내는 것도 시간 문제일 뿐이에요. 심지어 배양된 세포를 3D 프린팅의 재료로 삼아 인공 장기를 만들려는 연구도 활발하게 진행 중이지요.

얼마 전에는 3D 프린팅 기술이 아기의 생명을 구하기도 했어요. 선천성 기도 장애를 앓고 있는 아기를 위해 제작된 맞춤형 기도 부목을 만든 거예요. 아기의 기도 구조를 CT와 자기공명영상(MRI) 촬영하여 분석한 뒤 생분해성 소재로 만들어 몸에 넣었지요. 아기의 기도가 자라면 자연적으로 몸속에서 분해된다니 놀라운 일이에요.

그럼에도 3D 프린팅 기술은 허가받지 않은 복제로 문제를 낳을 게 틀림없어요. 3D 프린팅 기술이 계속 발전하기 위해서는 해결해야 할 문제들이 많이 있는 셈이죠. 하지만 가능성만큼은 중세 연금술보다 훨씬 높은 게 틀림없는 사실이랍니다.

더 알아보기

3D 프린팅 방법

3D 프린팅은 설계도를 컴퓨터에 입력하면 설계에 따라 종이, 플라스틱 액체 등의 원료로 3차원(3D)의 입체적 고체 물질을 프린트하는 새로운 출력 기술이에요. 3D 프린터는 종이 위에 글자를 찍어 내는 2차원의 방식이 아닌 우리가 손에 쥘 수 있는 3차원의 물건을 찍어 내요. 우선 설계도에 따라 가루로 분쇄되었거나 액체 형태로 녹아 있는 프린팅 원료를 일정한 틀에 따라 평면에 단단하게 응고시켜요. 이것이 여러 차례 번갈아 반복되어 층층이 쌓이면 3차원의 물건이 만들어지는 거예요.

•••• Future 🛜

★ 미래뉴스 ★

세상을 보는 새로운 눈
생생한 상상 뉴스

✉ 2034-○○-○○

10 우주여행

외나로도에서 우주로 떠난다

지난 28일, 외나로도 우주 센터(남해안에 있는 우리나라 최초의 우주 센터)에서 시승식을 가진 우주 엘리베이터가 일주일 만에 우주 정거장에 도착했다. 사상 첫 시승식에서 30명이 탑승한 우주 엘리베이터는 강철보다 100배 이상 강도가 센 탄소 나노 튜브 케이블을 이용하여 고도 3만 6000킬로미터에 있는 우주 정거장까지 이동했다.

현재 일주일 걸리는 이동 시간은 차츰 줄어들 것으로 보인다. 전자기 추진체의 성능을 향상시키기 위한 연구가 활발히 진행되고 있기 때문이다. 엘리베이터 구조 물질도 전혀 새로운 물질로 바꾸려는 연구가 한창이다. 다만 전반적인 우주 기반 시설이 미약해 오고가는 동안의 휴게소 운영 같은 편의 시설 확충에는 시간이 걸릴 것으로 예상된다.

우주 엘리베이터가 생기면 우주 왕복선의 경우처럼 갑작스러운 사고 없이 우주에 다녀올 수 있을 거예요.

10 우주여행

지구와 우주를 잇는 고속도로가 있다면 우주여행이 쉬워질까요? 미래에는 하늘로 가는 통로가 만들어진답니다. 이름하여 우주 엘리베이터. 한쪽 끝은 지구 한 지점에 세운 높은 탑에, 다른 한쪽은 우주 정거장에 연결한 케이블을 따라 엘리베이터가 움직이며 승객을 날라요.

우주 엘리베이터가 생기면 누구나 쉽게 우주를 관광할 수 있겠지요. 또 우주 왕복선의 경우처럼 갑작스러운 사고 없이 우주에 다녀올 수 있을 거예요. 물론 우주 엘리베이터를 가동할 수 있는 여러 조건이 갖춰져야 하겠지요. 예컨대 가볍고 강한 구조물, 전자기 추진체, 우주 편의 시설 등 말이에요.

우주와 지구를 이어 보려는 계획은 오래전부터 시작되었어요. 프랑스 파리의 에펠탑에서 아이디어를 떠올린 사람도 있었답니다. 높이 300미터 정도의 에펠탑에서 우주 엘리베이터를 생각했다니 정말 상상력이 풍부한 사람이라 할 수 있겠네요. 모든 발명은 상상으로부터 출발하는 것이니 '무모한 상상'이라고 비난할 일은 아니지요.

1950년대에는 옛 소련의 과학자가 우주와 지구의 정거장을 밧줄로 연결하는 아이디어를 내놓았어요. *정지 궤도 위성을 이용해 지구 표면으로 케이블을 늘어뜨리고 반대편에 평형추를 매달아 중심을 잡는 것이었어요.

우주 엘리베이터를 만드는 데는 어떤 어려움이 있을까요? 일단 엘리베이터 안으로 우주 방사선이 들어오지 않

에펠탑에서 우주로 가는 엘리베이터를 생각한 사람도 있어요.

*정지 궤도 : 지구의 자전 주기와 같은 궤도예요. 인공위성이 이 궤도를 따라 돌면, 지구에서 볼 때는 마치 한곳에 정지하고 있는 것같이 보이므로 정지 궤도라고 해요.

도록 하는 장치가 필요해요. 무엇보다 중요한 것은 바로 튼튼한 케이블을 만드는 것이지요.

미국의 한 회사는 아주 질긴 탄소 섬유와 유리 섬유 등으로 케이블을 만들어 실험했지만 물품을 300미터 올리는 것으로 만족해야 했어요. 이러한 문제를 해결하기 위해 필요한 것이 강하고 가벼운 *탄소 나노튜브예요. 이것으로 도르래를 만들면 몇 톤의 무게도 견뎌 낼 수 있답니다. 강력한 탄소 나노튜브를 만드는 기술이 개발되면서 우주 엘리베이터 계획은 현실로 다가오고 있어요.

> *탄소 나노튜브 : 탄소 분자가 서로 연결되어 관 모양을 이루는 결합물이에요. 관의 지름이 수십 나노미터밖에 안 되지만 강철보다 100배나 단단한 소재예요.

우주 엘리베이터를 만들면 무엇이 좋을까요? 무엇보다 우주여행 비용을 줄여 많은 사람들이 우주여행을 즐길 수 있을 거예요. 우주 왕복선으로 우주를 가려면 1킬로그램의 무게를 올리는 데 2000만 원가량 들지만 우주 엘리베이터를 이용하면 100만 원 정도밖에 들지 않는대요. 우주는 우리가 모르는 많은 위험이 도사리는 곳이지만 지구 바깥에 대한 호기심은 우리의 삶을 풍요롭게 할 거예요.

2001 스페이스 오디세이(2001 : A Space Odyssey)

우주여행을 기대하게 하는 영화예요. 사람처럼 생각을 할 수 있는 지적인 로봇과 함께 우주여행을 하는 미래를 볼 수 있어요. 1968년에 상상한 우주선은 오늘날과는 많이 다르지만 언젠가는 우주선에 오를 수 있으리라 희망을 가지게 해요. 영화가 나올 당시에는 30년쯤 뒤에는 우주여행이 실현될 것으로 예측했답니다.

실제로 2001년에 데니스 티토라는 억만장자가 민간인으로는 처음으로 우주에 들어섰어요. 영화 제목대로 '2001'이라는 말이 꿈처럼 이뤄진 셈이지요.

2034-○○-○○

김아니 기자의
사건으로 보는 미래 과학

 무인 자동차

운전사 없이 도로를 달린다!

"생활 속 모든 기기들이 연결되는 세상이 구현되고 있다."

몇 년 전 미국 버지니아공대 데니스 홍 교수는 시각 장애인용 자동차 주행 시험을 사상 처음으로 성공했다. 그가 개발한 시각 장애인용 자동차는 GPS(위성항법시스템)로 자신의 위치를 파악하며 레이저로 차선이나 접근하는 다른 자동차, 도로 위 장애물을 파악한다. 차량에 탑재된 컴퓨터가 시각장애인이 착용한 장갑과 좌석 등받이를 통해 각종 정보를 진동으로 알려 주면 운전대와 가속기, 제동기 등을 작동하는 식이다. 로봇 공학자 데니스 홍 교수로부터 무인 자동차에 대한 이야기를 들어 보자.

더 편리한 세상이 옵니다!
-데니스 홍

정보 통신 기술이 일상에서 사용하는 기기들과 만나면서 불과 몇 년 전만 해도 상상할 수 없었던 일들이 실현되고 있어요. 사물 지능 통신(M2M : Machine to Machine) 서비스들이 다양한 영역에 적용되고 있기 때문이에요. 생활의 편의성이 높아지는 것은 두말 할 나위가 없지요.
이처럼 1980년대에 제록스의 마크 와이저가 개념을 제시한 '유비쿼터스 컴퓨팅', 즉 생활 속 모든 기기들이 연결되는 세상이 구현되고 있어요. 한겨울 아침에 자동차에 시동을 걸면 앞유리에 쌓인 눈을 적절히 치우고 실내 온도를 맞춰 놓는 것은 기본이고, 건강 정보가 실시간으로 모니터링되어 정기 건강 검진을 받는 수고를 덜 수도 있답니다.
그동안 정보 통신 분야에서 서비스의 중심에는 사람이 있었어요. 하지만 M2M에서는 기기 간의 상호 작용이 핵심 요소로 작용합니다. 단순 정보 수집에 치중하여 사람의 의사 결정을 돕던 기기들이 직접 정보를 수집하고 가공하여 의사 결정까지 내

기술 과학 이야기

리는 것이지요. 한걸음 나아가 예상 상황에 대비하여 임무를 수행합니다. 마치 기기에 두뇌를 심은 것처럼요.

> "사람은 잘못된 판단을 할 수도 있지만, 기기는 하라는 대로만 하니 합리적인 의사 결정에 유리해요."

일부에서는 기기가 사람보다 훨씬 더 일 처리를 잘할 거라 기대합니다. 사람은 조작 미숙이나 착각 등에 의하여 잘못된 판단을 할 수도 있지만, 기기는 정해진 대로만 행동하기에 합리적인 의사 결정에 유리할 것이라는 판단이지요.

지금도 M2M 서비스를 이용한 스마트한 일상을 체험할 수 있어요. '디지털 운행 기록계'는 차량의 운행 정보나 각종 장치의 상태 등을 파악하여 안전하고 경제적인 운전을 돕고 있어요. 농촌의 비닐하우스에서는 온도와 습도, 채광 등이 실시간으로 기록되어 적정 생육 환경이 유지되도록 시스템을 조절합니다.

그뿐만이 아니에요. 음식물 쓰레기를 버릴 때 사용자 정보가 입력된 전자칩이 든 카드를 대면 나중에 계량된 무게만큼 세금을 내요. 버스나 지하철의 도착 시간을 알려 주는 서비스도 대표적인 예입니다.

하지만 M2M의 미래를 환상적으로 예측할 수만은 없어요. 상품의 유통 경로를 추적하기 위해 10여 년 전에 개발된 RFID카드 내장 포장지만 해도 아직까지 대중화되지 못했잖아요. 칩이나 센서, 기기 제조사, 솔루션 개발사, 통신사 등의 이해 관계가 얽혀 기술이 여러 제품에 적용되는 데 어려움이 따르기 때문이에요.

어떤 제품이든 널리 쓰이기 위해서는 표준화가 미리 이뤄져야 해요. 시각 장애인용 자동차가 개발되어도 도로에 나오지 못할 수 있어요. 모든 도로 표지판 정보를 무선으로 자동차에 보내야 하는데 쉽지 않은 일이거든요.

이미 일상에서 사물 지능 통신 서비스를 체험하고 있어요. 버스나 지하철의 도착 시간을 알려 주는 서비스가 그 대표적인 예랍니다.

3장
정보 과학 이야기

정보화 사회는 일상을 편리하게 만들고 있어요. 애당초 전화기는 소리를 주고받는 기능이 전부였어요. 그런데 거기에 각종 정보 통신 기술이 접목되면서 또 하나의 컴퓨터가 되었지요. 못하는 게 없을 정도로 말이에요.

이러한 정보 통신 기술이 한순간 사라진다면 세상이 멈춰버릴지도 몰라요. 전력 공급 시스템이 멈추고, 은행에서 돈을 찾을 수도 없을 거예요. 가끔 컴퓨터 해킹으로 통신이 마비되면 온 나라가 들썩이잖아요. 모든 것이 네트워크로 연결되어 있으니까 하나만 마비되어도 다른 것들이 영향을 받는 거예요.

3장 정보 과학 이야기에서는 인류의 장밋빛 미래를 예고하는 정보 통신 기술을 살펴볼 거예요. 그 이면에서 인류의 삶을 위협하는 스마트 세상의 어두운 면도 함께 생각해 보고요.

•••• Future 🛜　　　　　　　↑ ⏰ 85 % 🔋

★ 미래뉴스 ★

2034-○○-○○　　　　　　　　　　　세상을 보는 새로운 눈
　　　　　　　　　　　　　　　　　생생한 상상 뉴스

1 전자 종이

전자 종이 하나면 등교 준비 끝

"모든 지식은 전자 종이 하나로 터득한다." 올림포스 사이버학교는 지난 3월 초등 과정에 입학하는 학생들에게 전자 종이 '하데스'를 배포했다. 하데스는 첨단 전자 종이로 재택 수업에서는 영상 강의를 듣는 매체로도 활용된다. 모든 교과서와 각종 전자책, 신문 등을 열람하는 것도 가능하다.

이에 따라 오프라인 수업이 있는 날에는 주머니에 전자 종이만 지니면 등교 준비는 끝난다. 강의 내용을 전자 종이에 직접 필기하거나, 텍스트 변환 버튼을 누르면 음성이 글자로 입력되기도 한다. 언제 어디서나 인터넷에 접속하여 보충 자료를 찾을 수도 있다. 전자 종이가 인간의 지적 생활을 크게 변화시킬 것으로 예측된다.

전자 종이는 매우 가벼우며 내구성이 좋고 휠 수도 있어요.

1 전자 종이

　미래에는 종이가 사라질까요? 1960년대의 미디어 이론가인 마셜 맥루안은 "종이나 책은 새로운 매체에 의해 점차 사라져 없어질 것"이라고 내다봤어요. 지금까지의 결과를 보면 맥루안의 말이 전적으로 맞다고는 할 수 없어요. 각종 디지털 저장 매체가 나타났어도 종이는 여전히 쓰이니까요. 하지만 전자 종이의 성능이 좋아져 많은 사람들이 사용하면 종이의 효용성은 떨어질 게 틀림없어요.

　전자 종이가 필요한 까닭은 무엇일까요? 전자 종이의 탄생은 지구 환경 보호에 큰 도움이 될 수 있어요. 종이를 만들려면 엄청난 양의 나무가 소비돼요. 인쇄된 종이를 재활용한다고 해도 종이에 있는 화학 물질을 제거하는 데 많은 물을 사용해야 하지요. 그런데 전자 종이는 나무에서 얻는 *펄프로 만들어지는 것이 아니에요.

> *펄프 : 나무나 그 밖의 식물을 기계적, 화학적으로 처리하여 얻은 섬유소의 집합체예요. 섬유나 종이 따위의 원료로 널리 사용돼요.

　현재 여러 나라 연구소에서 전자 종이를 만들고 있어요. 미국 제록스사의 연구소는 '자이리콘'이라는 전자 종이를 만들었어요. 이 회사는 다시 쓸 수 있는 종이를 연구하다가 전자 종이를 개발하게 되었답니다. 이 연구소에서는 투명하고 부드러운 얇은 막에 사람 머리카락 굵기의 플라스틱 알갱이를 넣어 전자적으로 움직이도록 했어요. 자이리콘은 아주 적은 양의 전원만 있어도 레이저 프린터로 뽑은 것처럼 선명하게 보인다고 해요.

　전자 종이 자이리콘이 글씨를 새기는 방법은 기업 비밀인데 다만 기름에 적신 실리콘 고무로 만들었다는 정도만 알려졌어요. 미세한 실리콘 고무가 희고 검은 알갱이로 있으면서 자기장의 영향을 받아 회전할 때

글자와 무늬를 만들어 낸다는 거예요. 그동안 전자 종이의 두께가 큰 걸림돌이었는데 종이처럼 얇은 재질의 제품도 나왔어요. 게다가 촉감도 있다고 해요. 다양한 각도에서도 색깔의 변화가 없고요.

 전자 종이 자이리콘은 300만 번이나 쓰고 지워도 성능이 유지된다고 해요. 저장도 할 수 있다면 활용할 수 있는 게 정말 무궁무진할 거예요. 그래서 국내에서도 전자 종이에 관한 연구가 한창이에요. 한국전자통신연구원에서 컬러 필터를 쓰지 않고도 염료 입자를 움직여 컬러가 구현되는 전자 종이를 개발하고 있어요.

 전자 종이가 나와도 지금의 종이는 사라지지 않을 수도 있어요. 전자 종이는 책장 넘기는 재미가 없잖아요? 반대로 사람들이 컴퓨터에 더 익숙해지면 종이를 귀찮게 여기게 될지도 모르겠네요. 자원 낭비라고 생각할 수도 있고요.

사람들은 언제부터 종이를 사용했을까요?

종이의 역사는 고대 이집트로 거슬러 올라가요. 고대 이집트 사람들은 물가에 자라는 파피루스 풀줄기를 가느다란 띠 모양으로 잘라 서로 엇갈리게 엮은 다음 눌러서 파피루스라는 종이를 만들었어요. 오늘날과 같은 종이는 약 2000년 전에 중국에서 발명되었어요. 그러다 105년쯤 채륜이 품질이 좋은 종이를 만들게 되면서 종이를 만드는 기술이 발달했지요. 종이 만드는 기술은 중앙아시아를 거쳐 널리 퍼졌고, 1300년대에는 유럽 여러 지역에 종이 공장이 있었어요. 종이는 인쇄기가 발명되자 수요가 크게 늘어났으며, 1800년대 초에 식물성 펄프가 종이의 주요 재료로 떠올라 오늘날에 이르게 되었답니다.

파피루스 풀줄기를 서로 엇갈려 엮은 후 눌러서 만든 파피루스 종이.

Future

★ 미래뉴스 ★

2034-○○-○○

세상을 보는 새로운 눈
생생한 상상 뉴스

2 첨단 유리

유리의 능력은 어디까지일까?

첨단 유리가 만드는 일상에서는 어떤 일이 일어나는 것일까. 이런 궁금증을 해소할 수 있는 세계적 유리 업체 코닝의 영상이 지난 12일 발표됐다. 이 영상에 따르면 아침에 기상을 하도록 하는 것은 자명종이 아니라 '태양광 유리'이다. 텔레비전 유리에는 날씨와 출근길 교통 상황이 실시간으로 표시된다. 유리가 고화질 액정 모니터 구실을 하는 것이다.

욕실은 샤워를 하는 공간일 뿐만 아니라 일정을 체크하는 곳이다. 욕실 유리에 '오늘의 스케줄'이 표시되고 메시지를 보낼 수 있는 기능도 있다. 유리 모서리에 손가락을 대면 건강 상태까지 확인할 수 있다. 사무실에 있는 투명한 유리에 손을 대면 각종 방송 화면이 나오고, 컴퓨터 모니터로도 사용할 수 있다.

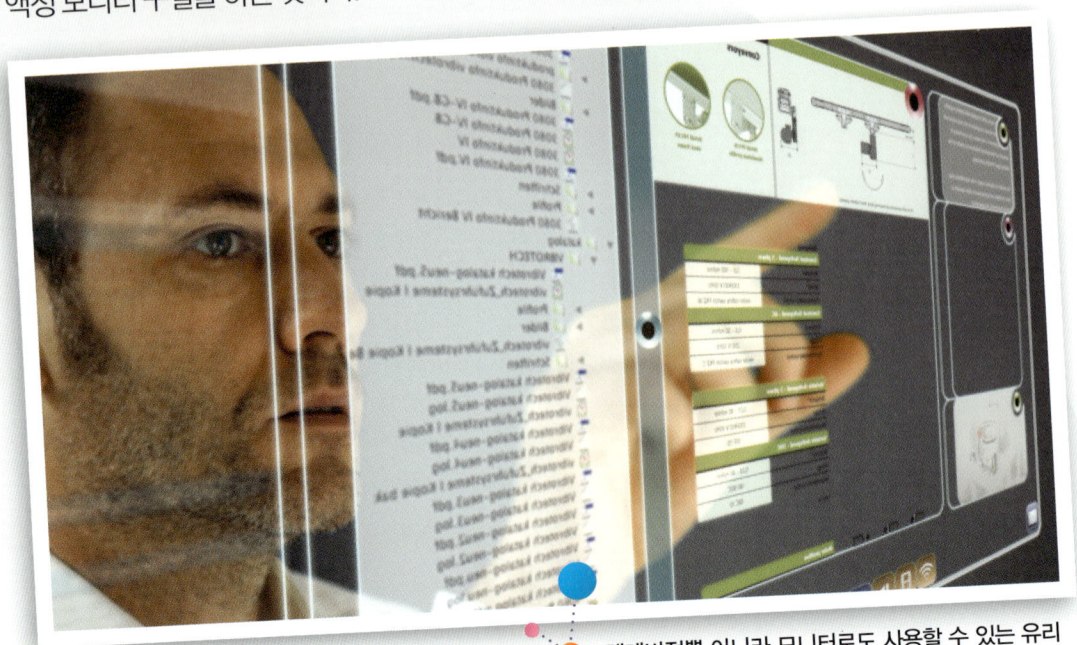

텔레비전뿐 아니라 모니터로도 사용할 수 있는 유리

2 첨단 유리

경찰이 수사를 할 때 사용하는 작은 방에는 밖에서만 볼 수 있도록 만든 특수 유리창이 있어요. 한쪽 겉면에 작은 요철을 만들거나 유리에 화학 작용을 일으키는 물질을 뿜어서 빛의 분산이나 반사가 크게 일어나도록 한 거예요. 그렇게 만든 특수 유리는 안에서는 밖이 보이지 않고 밖에서만 안이 보이지요.

유리는 원래 사람이 만들어 낸 게 아니에요. 천연 유리는 번개가 모랫더미를 칠 때나 화산이 뜨거운 마그마를 토해 낼 때 녹은 모래나 바위가 식으면서 생긴 거예요. 자연 현상이 인류에게 선물한 아주 유용한 물체이지요.

유리는 고체처럼 보이지만 분자 구조가 느슨하게 얽힌 '단단한 액체'에 가까워요. 만일 유리가 고체라면 빛을 그대로 통과시킬 수 없겠지요. 유리가 작은 충격이나 열에도 잘 깨지는 것은 분자 구조가 매우 불안정하기 때문이에요. 이렇게 고체를 가장한 액체 상태로 있으니 오래된 유리는 중력의 영향을 받아 아래로 흘러내릴 것으로 생각되곤 해요. 하지만 유리의 5퍼센트가 흘러내리기 위해서는 적어도 1천만 년이 걸린다고 해요.

유리에 대한 관심과 연구가 한창 이뤄지고 있어요. 날씨에 따라 빛과 열을 흡수하고 막아 주는 유리를 만들어 에너지 문제를 해결하려는 시도도 있지요. 이런 유리를 이용하면 여름에는 뜨거운 햇빛을 막고 겨울에는 햇빛을 모두 통과시켜 뛰어난 보온 효과를 낼 수 있답니다. 유리의 기능을 확대하면 냉난방 기기가 필요 없어질 수도 있어요.

가끔 밖에 있는 사람이 창문으로 빈 집 안을 살필 때가 있잖아요? 앞으

로는 투명한 유리창 때문에 사생활이 엿보일까 하는 걱정은 하지 않아도 될 거예요. *액정 창문은 집 안의 전기를 끄면 젖빛으로 바뀌어서 안에서는 밖을, 밖에서는 안을 살펴볼 수가 없어요. 다시 전기를 켜면 전기장이 생기고 액정이 일정한 간격으로 배열되면서 유리창이 투명해지지요. 이렇게 똑똑한 유리가 에너지 절약을 유도하면서 덤으로 사생활까지 지켜 준답니다.

*액정 : 고체 결정체의 성질이 있으면서 액체와 같은 성질을 지닌 물질이에요. 액정이 가장 흔하게 쓰이는 곳은 시계, 휴대 전화, 컴퓨터 모니터나 텔레비전 화면 따위의 액정 표시기(LCD)예요.

유리에 나노 기술을 적용하면 더욱 놀라운 능력이 생겨요. 유리에 고성능 나노 물질을 얇게 입혀 만든 거울은 모델이 자세만 바꾸면 입고 있는 옷이 자유롭게 바뀌면서 가장 잘 어울리는 옷을 골라 준답니다. 유리가 첨단 기술을 흡수하면서 마법을 부린다고 할 수 있겠네요. 앞으로 유리는, 정보를 더욱 쉽고 편리하게 접할 수 있게 해 주는 좋은 매개체 역할도 할 거예요. 미래가 궁금하면 유리가 어떻게 변하는지 눈여겨보세요. 유리가 미래 세상을 보여 줄 수도 있으니까요.

영화로 과학 보기

마이너리티 리포트(Minority Report)

2050년대를 배경으로 한 이 영화는 처음부터 끝까지 유리를 보면서 이야기를 따라가야 해요. 유리 위에 나타나는 영상이 아주 선명해 스크린의 영상과 헷갈릴 정도지요. 아무것도 없는 투명한 유리에 주인공이 손을 대면 고화질 액정 모니터가 되어 선명한 화면을 보여 줘요. 사람들의 신분이 망막 스캐너를 통해 시시각각 확인되고, 유리로 된 대형 광고판들은 사람이 지나갈 때마다 이름을 부르며 물건을 사라고 호들갑을 떨기도 해요.
유리의 화려한 변신과 함께 미래의 우리 생활을 짐작해 볼 수 있는 영화예요.

•••• Future 🛜

✉ 2034-○○-○○

⭐ 미래뉴스 ⭐

세상을 보는 새로운 눈
생생한 상상 뉴스

3 전자 섬유

전자전에 대비한 신형 전투복 보급

최근 국방부는 현역 군인들에게 신형 전투복을 지급했다. 신형 전투복은 영화 〈스타워즈〉의 다스 베이더를 연상시키는 차림새로 머리부터 발끝까지의 개인 보호 장치, 휴대용 컴퓨터 네트워크, 군인용 파워 장치 등이 장착되어 있다. 여기에 인공 근육과 나노 기술 등을 접목해 성능을 극대화할 예정이다.

신형 전투복의 전자 섬유는 태양 에너지를 연료로 작동하는 의류 정보 단말기이다. 무선 네트워크로 지휘소의 작전 명령에 따르는 것은 기본이다. 게다가 1제곱인치당 100억 개 이상의 미세한 구멍으로 이루어져 비와 눈을 막고 땀을 신속하게 배출시키는 기능도 있다. 또 전장에서 총알을 막아 내는 방탄 성능까지 갖추어 웬만한 폭탄에도 병사를 지켜낸다고 한다.

구글이 만든 구글 글래스는 안경처럼 착용하는 컴퓨터예요.

3 전자 섬유

　미래형 운동복인 바이오 셔츠가 나와 화제가 되었어요. 이 셔츠는 한마디로 *입는 컴퓨터라고 할 수 있어요. 운동 선수용으로 개발된 이 옷은 전도성 섬유를 통해 심장 박동 수, 호흡 수, 체온, 운동량 등 몸 상태의 모든 정보를 측정해요. 옷이라는 단순한 기능을 넘어 몸의 상태를 점검하고 보호해 주지요.

*입는 컴퓨터 : 언제 어느 때나 자유롭게 컴퓨터를 사용할 수 있게 몸이나 옷에 착용할 수 있도록 작고 가볍게 만든 컴퓨터예요.

　정보 의류는 처음에 군사적인 필요와 쓰임에 따라 개발되었어요. 군인의 전투용 조끼를 만들면서 거추장스러운 통신 장비 없이 위성 신호를 파악해 작전을 수행하는 데 이용하려고 개발한 것이지요. 여기에 디지털 카메라가 달린 헬멧, 터치스크린과 키보드 등을 소매에 달면서 쓰임새를 넓혀 갔어요.

　정보 의류가 어떻게 쓰이는지 살펴볼까요? 정보 의류를 입은 사람이 공항에 있어요. 이 사람은 자기가 맡은 구역을 자연스럽게 걸으면서 안경처럼 생긴 장치에 딸린 디지털 카메라로 주변을 찍어 지휘 본부에 보내요. 본부에서는 데이터베이스에 담긴 위험 자료 목록과 비교해 주의할 사람이 있는지 확인하고, 그 사람을 감시하도록 명령을 내려요.

　인간의 몸과 상호 작용하여 옷의 색깔과 모양을 바꾸는 전자 섬유도 개발되고 있어요. 가늘고 고분자인 섬유를 여러 겹으로 짜서 직물의 상호 작용으로 인해 의류를 입은 모델에 맞게 바꾸는 물질이에요. 몸의 에너지를 저장하고, 저장된 에너지를 사용하여 의류의 '시각적 속성'을 바꾸는 것이

지요. '카멜레온'처럼 자신의 모습을 바꾼다는 말입니다.

　이러한 정보 의류는 군사용뿐만 아니라 첩보용, 소방용, 의료용 등 다른 사람의 도움을 받을 수 없는 공간에서 일을 하거나 정찰, 위험한 인물을 확인할 때 중요하게 쓰여요.

　정보 의류를 잘 활용하려면 무엇이 가장 중요할까요? 무엇보다 기기가 작동하는 데 필요한 에너지예요. 에너지를 제공하는 배터리가 항상 충전되어 있어야지 만일 방전되면 꼭 필요한 순간에 사용하지 못할 수 있어요. 앞으로 개발될 전자 섬유는 태양의 빛을 순간적으로 전기 에너지로 만드는 기능까지 갖출 것이라고 해요.

　정보 의류를 입는 게 몸에 나쁜 영향을 주는지에 대해서는 아직 정확히 밝혀지지 않았어요. 전자파의 위험 때문에 전자 섬유를 이용한 옷을 입고 싶지 않을 수도 있어요. 게다가 만일 옷감 속에 있는 컴퓨터 칩이 잘못 작동한다면 큰 위험에 처할 수도 있겠지요. 이런 문제들이 해결되면 입는 컴퓨터의 쓰임은 더욱 많아질 거예요.

아이언맨3 (Iron Man 3)

아이언맨의 수트는 시리즈를 거듭하며 조금씩 업그레이드되었어요. 1편에서 중동에 납치된 토니 스타크가 탈출을 위해 만든 수트는 고철 갑옷이었지요. 그러다가 2편에서는 더욱 강력해져 무적의 힘을 갖게 되었어요. 마침내 3편에서는 가상 인격을 갖춘 개인 비서 자비스의 도움을 받아 새롭게 진화했어요. 팔과 다리, 머리 등 각 부위들이 자유롭게 움직일 뿐만 아니라 중추 신경계와 연결되어 스타크와 혼연일체된 모습을 보여 주지요. 위기에 빠진 스타크를 구하는 것도 수트였어요.

★ 미래뉴스 ★

세상을 보는 새로운 눈
생생한 상상 뉴스

2034-○○-○○

4
인공 지능

인공 지능 로봇과 천재 소년의 '끝장 토론' 결과는?

IBM의 슈퍼컴퓨터 '딥블루'와 체스 천재 게리 카스파로프의 체스 챔피언 결정전 50주년을 기념하는 행사가 열린다. 오는 5월 10일 뉴욕 맨하튼 51번가 빌딩 숲 사이로 치솟은 에퀴터블센터 35층에서 인공 지능 로봇 '사이렌'과 5살에 10개 국어를 터득한 천재 소년 '티케'가 '끝장 토론'을 벌이는 것이다.

사이렌은 진화를 거듭하여 생각하는 기계의 전설을 만들고 있다. 사람처럼 유연하게 지각, 행동하고 사고하는 능력을 지녔다. 지난 10여 년 동안 다양한 디지털 미디어를 학습 데이터로 삼아 교육을 받았기 때문이다. 단순히 '기억'하는 데서 끝나지 않고 '예측'하는 능력까지 보유해 한 번 들으면 잊지 않는 티케의 토론 맞수가 되기에 부족함이 없다는 평가다.

5살짜리 여자아이를 본따 만든 리플리 R1. 섬세한 표정 짓기와 꾸벅꾸벅 조는 것이 특기예요.

 2006년, '로봇 월드 2006'이라는 행사에서 연예인 로봇 '에버 투-뮤즈'가 가수로 첫 등장하려고 했어요. 그런데 에버 투-뮤즈는 공연장에서 꿈쩍도 하지 않았답니다. 어떤 조그마한 충격에 그만 고장이 나 아무 말도 못하게 된 거예요. 이날 로봇의 노래를 들으려고 전시장을 찾았던 사람들은 많이 실망했어요.

 겉모양이 아무리 사람의 모습을 닮은 로봇이라도 생각하는 능력이 없다면 어떨까요? 감정과 생각이 있는 로봇을 만드는 것은 정말 쉬운 일이 아니에요. 사람들은 많은 공상 과학 영화에서 똑똑한 로봇을 보아 기대가 높지만 현실에서는 아직 만족할 만한 성과를 거두지 못하고 있지요. 인공 지능을 갖춘 로봇과 친구가 되어 이야기를 주고받으려면 적지 않은 시간이 더 흘러야 해요.

 지금 이 순간에도 사람의 지능을 갖추려는 로봇은 끊임없이 연구되고 있어요. 컴퓨터 프로그램의 하나인 '사이크'는 1984년부터 30여 년 동안 '배가 고프면 음식을 먹는다.' '즐거울 때는 웃고, 슬플 때는 운다.' 같은 상식을 배우고 있어요. 사이크가 어른 지능에 걸맞게 생각하려면 1초에 100조 개의 명령어를 처리할 수 있어야 한대요. 그렇게 되려면 앞으로도 많은 시간이 필요하겠지요.

 사이크가 생각을 키우는 컴퓨터 프로그램이라면 '코그'는 사람의 감정을 헤아려 그에 맞게 적절히 반응하는 로봇이에요. 코그에게는 얼굴 표정을 읽을 수 있는 장치가 있어서 상대방이 화가 났는지, 기뻐하는지를 알 수 있답니다. 인간과 기계가 감정적으로 교류를 할 수 있게 되는 셈이지요.

또 다른 로봇 '키즈멧'은 사람의 얼굴처럼 슬픔, 분노, 행복 등 여러 감정을 나타내요. 언어 능력이 뛰어난 '리플리'는 농담까지 건넬 수 있답니다. 오늘날의 인공 지능 로봇은 책 한 권에 해당하는 수준인 1초에 1000만 개의 명령어를 처리할 수 있어요. 그러나 사람에 버금가는 지능을 갖추기 위해서는 국회 도서관에 있는 모든 책보다 많은 명령어를 처리할 수 있어야 한다고 해요.

지금은 로봇의 지능이 도마뱀 수준에도 이르지 못해요. 첫술에 배부를 수는 없는 일이지요. 아이가 옹알이를 하다가 어느 순간 말문이 터지는 것처럼 시간이 필요해요. 아마도 2020년이면 생쥐, 2030년이면 원숭이의 지능에 이를 거예요. 이렇게 똑똑하게 만들어진 로봇들이 진화해 나간다면 과연 로봇도 인류의 후손이 될 수 있을까요?

영화로 과학 보기

히노키오(Hinokio)

정말로 로봇과 친구가 될 수 있을까요? 이런 궁금증이 있다면 현대판 피노키오 이야기라 할 수 있는 〈히노키오〉를 만나 보세요.
히노키오는 아픈 아이 대신 학교에 다니는 원격 조종 로봇이에요. 히노키오의 학교생활이 재미있게 다루어지면서 사람과 로봇의 구분이 허물어지는 듯한 느낌이 들어요. 귀여운 로봇이 동화 속의 주인공이 된 듯한 영화입니다.

•••• Future 🛜

2034-○○-○○

★ 미래뉴스 ★

85 %

세상을 보는 새로운 눈
생생한 상상 뉴스

5
스마트홈

스마트홈 도둑
조심하세요!

최근 스마트홈을 통째로 훔쳐가는 사건이 잇따라 발생하고 있다. 지난 19일 경기도 양평의 스마트홈 단지 '그린 빌리지'에서는 하이몬이 세컨드하우스로 이용하던 주택이 흔적도 없이 사라졌다. 근래에 스마트홈이 이동식 주택으로 대량 생산되면서 나타나는 현상이다. 경찰은 사라진 그린 빌리지 주택의 위치를 추적하고 있다.

하지만 스마트홈을 훔친 범인들이 위치 추적을 피하는 프로그램을 주택에 설치해 행방을 찾지 못하고 있다. 경찰은 범인들이 전파 차단 장치를 가동한 것으로 추정하고 있다.

스마트홈은 자체 냉난방 시스템이 가동되고, 각종 가전 기기가 네트워크로 연결되어 어디에 설치해도 완벽한 주거지 구실을 하는 맞춤 주택이다.

스마트홈은 조명과 온도 제어, 문과 창 제어, 보안 시스템 등의 자동화를 지원하는 개인 주택이에요. 사진은 스마트홈의 내부와 각종 작동에 필요한 제어기와 서버예요.

5 스마트홈

정보 통신의 발달에 따라 주택이 똑똑해지고 있어요. 여러 형태의 자동화를 지원하는 시스템이 개인 주택에 적용되고 있기 때문이지요. 그런 주택을 스마트홈(Smart Home)이나 IT 주택이라 부르기도 합니다. 첨단 정보 통신 기술을 융합하여 집 안의 다양한 기기들이 홈네트워크로 연결되어 인간 중심의 실감나는 서비스를 지원하고 있어요.

이미 인텔리전스 빌딩이라 불리는 건물은 조명이나 온도를 제어하고 문과 창을 여닫는 시스템이 자동화되었지요. 그런 첨단 기술들이 가정으로 들어오면서 안전과 웰빙을 동시에 지원하는 시스템으로 진화하고 있어요. 주택의 내부와 외부를 실시간으로 경비하는 서비스는 기본이고, 재생 에너지 발전으로 주택의 전력을 사용하는 경우도 흔하지요.

유무선 홈네트워크를 이용한 각종 서비스는 삶의 질을 획기적으로 향상시키고 있어요. 특히 홈 헬스케어 서비스는 집에서 웹을 통해 의사의 의료 서비스를 제공받을 수 있고, 병원에 가지 않더라도 개인의 건강 상태를 확인할 수 있는 모니터링 시스템이 가구나 생활용품에 적용되기도 합니다.

기존의 홈네트워크가 개별 기기를 연결하여 인터넷으로 제어하는 형태였다면, 이제는 다양한 사용자의 요구에 따라 콘텐츠를 연결하여 복합 서비스를 받게 되었어요. 예를 들자면 스마트폰이 널리 보급되면서 텔레비전이 방송국에서 내보내는 콘텐츠만이 아니라 다양한 매체를 받아들이는 스마트 기기로 거듭나기도 하지요.

스마트홈에서 스마트폰의 활용도는 더욱 높아질 거예요. 스마트폰으

로 알람을 설정하는 것은 낡은 방식이 되고 있어요. 스마트폰 소리에 잠든 아이가 깨어나는 상황도 없어지겠지요. 스마트폰에 맞춤한 기기를 연결하면 자신에게만 깨어날 신호를 보낼 수 있으니까요. 물론 수면 습관도 자연스럽게 체크할 수 있지요.

 전열 기구에 연결된 전기를 원격으로 조절하는 스위치도 나왔어요. 인터넷만 연결되어 있으면 콘센트에 꽂혀 있는 전열 기구의 온·오프를 원거리에서 조절할 수 있어요. 집에 들어가기 전에 포트의 물을 끓일 수도 있지요. 블루투스를 통한 무선 연결을 기본으로 가정 안과 밖에서 제어할 수 있는 시스템이 갈수록 늘어나고 있어요.

 이러한 스마트홈은 *유비쿼터스시티로 가는 관문 구실을 하고 있어요. 건물을 지을 때부터 가정 자동화를 위한 배선을 갖추지요. 물론 문제도 있어요. 안전과 보안을 위해 설치한 센서나 웹카메라 혹은 무선 제어 시스템이 해킹을 당할 수도 있으니까요. 전통 주택에서 도둑을 염려했듯이 스마트홈에서도 해킹에 대비해야 할 것입니다.

*유비쿼터스시티 : 지능형 네트워크를 실현하는 유비쿼터스 기술이 적용된 첨단 도시라고 할 수 있어요. 스마트홈과 인텔리전스 빌딩이 서로 연결되어 도시를 이룬답니다.

영화로 과학 보기

오블리비언(Oblivion)

외계인 스카브족의 침공으로 멸망한 지구를 보여 주는 영화입니다. 지구의 마지막 정찰병 잭 하퍼가 등장하며 시작하는 장면의 스카이타워가 인상적이지요. 지상 910미터 높이에 세워진 스카이타워는 잭 하퍼의 주거지이자 사무실이에요. 이곳에서 잭 하퍼는 지구에 파견된 무인 정찰기들을 관리해요. 영화에 나오는 미래 지향적인 디자인과 최첨단 시스템은 미래 도시를 떠올리게 합니다. 통유리로 이뤄져 아름다운 자연광이 비춰지면서 따뜻함과 쾌적함도 느낄 수 있어요. 미래의 주거 생활 모습이 어떨지 엿볼 수 있는 작품이에요.

6 전자 사회

첨단 사회의 복병 '지능형 범죄'

최근 첨단 기기를 활용한 범죄가 기승을 부리고 있다. 벤처 기업을 운영하는 킨티아는 지난 19일 그레이트백화점 명품관을 다녀온 뒤 강도를 만나 고가의 쇼핑 물품을 모두 빼앗겼다. 그런데 바로 당일 경찰은 킨티아의 물품을 빼앗은 강도를 한 오피스텔에서 붙잡아 범행 일체를 자백받았다.

백화점 일대를 '일터'로 삼은 강도는 물품의 바코드 구실을 하는 RFID 주파수를 해킹해 킨티아가 쇼핑한 물품의 목록을 확인할 수 있었다. 범인은 대상을 정한 뒤 주차장에 대기하고 있다가 쉽게 물건을 훔칠 수 있었다. 이날 경찰은 강도가 미처 처리하지 못한 RFID의 위치를 추적해 범인을 검거했다.

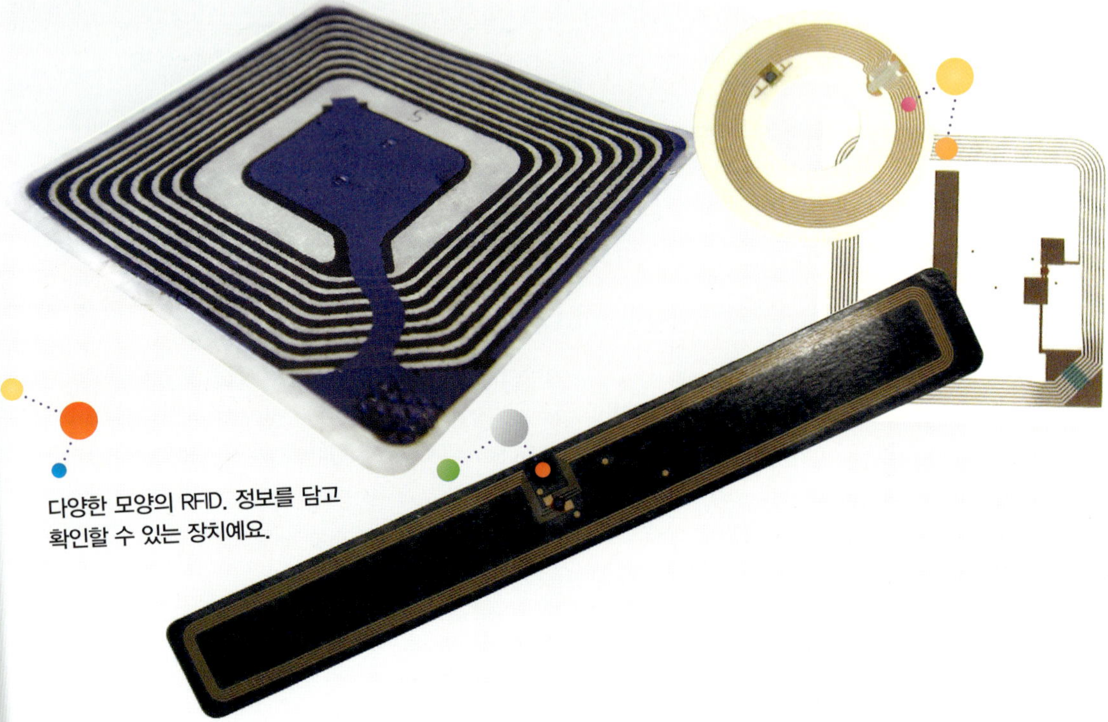

다양한 모양의 RFID. 정보를 담고 확인할 수 있는 장치예요.

6 전자 사회

휴대 전화는 나날이 발전하고 있어요. 휴대 전화로 집 전등이나 보일러를 켜기도 하고 물건 값을 계산하지요. 휴대 전화는 사용하는 사람의 위치를 아는 감시 장치도 된답니다. 이것은 모든 것이 전자적으로 연결되어 있기 때문이에요. 연결되어 있다는 것은 달리 생각하면 감시망에 갇혀 있는 것과 다를 게 없지요.

유비쿼터스라는 말을 들어 본 적 있나요? 원래 시간과 공간을 초월해 언제 어디서나 동시에 존재한다는 뜻인데, 오늘날에는 시간이나 공간의 제약을 받지 않고 네트워크에 접속할 수 있는 세상을 뜻해요. 이런 세상이 만들어지려면 모든 물건에 조그마한 컴퓨터나 센서 같은 게 들어 있어야 해요.

대표적인 것이 *RFID라는 주파수를 이용해 물건의 정체를 식별할 수 있는 기술이에요. 예를 들면 유비쿼터스 할인 매장의 모든 상품에는 RFID 표시가 붙어 있어요. 거기에는 물건의 가격이나 유통 기한, 생산자 등의 정보가 들어 있지요. 아주 간편하게 상품에 관한 정보를 확인할 수 있는 장치예요.

> *RFID(Radio Frequency IDentification : 전파 식별) : 1970년대 탄도 미사일을 추적하려고 개발된 장치예요. 에너지가 필요하지 않은 작은 꼬리표 안에 정보를 넣어서 판독기로 읽을 수 있도록 했어요.

소비자가 산 물건을 일일이 계산대에 올리지 않고 RFID 인식 장치만 지나면 물건을 아무리 많이 사도 간단하게 계산을 할 수 있어요. 주파수가 인식 장치에 전달되면서 값이 주르륵 찍혀 나오거든요. 더 이상 사람들이 계산대에 길게 줄을 서 있을 필요가 없답니다. 당연히 끼어들기, 새치기 같은 악습도 사라지지 않을까요.

유비쿼터스 세상은 사람들을 편리하게만 만드는 것일까요? 유비쿼터스 세상을 이루는 각각의 단말 장치가 서로 연결되면 생각하지 못한 문제들이 생길 수도 있어요. 누군가가 네트워크에 들어가 다른 사람이 산 RFID 표시가 달린 상품 목록을 확인하는 것도 가능해요. 모든 것이 연결되어서 손쉽게 정보를 주고 받는 만큼 개인에 관한 정보가 밖에 알려지기도 쉽지요.

　물론 휴대 전화 하나로 직장에서 집안일을 처리하는 것은 편리한 일이에요. 또 몸 어딘가에 붙이거나 넣은 작은 칩이 컴퓨터와 연결되어 건강 상태를 병원에 알려 주고 병을 빨리 알아낼 수도 있지요.

　그런데 이렇게 모든 것이 연결되면 그것을 관리하거나 감시하는 사람이 나올 수 있어요. 함께 정보를 나누는 편리한 사회가 '감시'라는 덫에 걸릴지도 모르지요. 그러나 너무 걱정할 필요는 없어요. 개인의 사생활을 지키는 기술도 함께 발전해 갈 테니까요.

사생활의 비밀과 자유

누구나 자기만의 생활을 남에게 알리지 않을 권리가 있어요. 그러나 발달된 정보화 사회는 점점 사생활을 침해하기 쉽게 변하고 있어요. 많은 나라에서는 법률이나 헌법 차원으로 사생활을 보호해요.

우리나라도 헌법 제17조에 "모든 국민은 사생활의 비밀과 자유를 침해받지 아니한다."라고 해 사생활의 비밀과 자유를 보장해요.

그러나 사생활의 비밀과 자유도 무제한으로 보장되는 것은 아니에요. 다른 사람의 권리를 침해하거나 사회 윤리나 헌법 질서에 어긋나지 않아야 하지요.

 Future

2034-○○-○○

★ 미래뉴스 ★

세상을 보는 새로운 눈
생생한 상상 뉴스

7 스마트 더스트

자연 재해 막기 위해 전자 먼지가 앞장선다

전국재해구호협회가 지난 13일 재해 예방을 위한 '스마트 더스트 모니터링 센터' 개소식을 가졌다. 이 센터에서는 스마트 더스트를 활용하여 자연 현상과 시설 안전 등을 모니터링하여 각종 재난을 예방할 것으로 알려졌다. 또한 세계 각국의 모니터링 센터와 연계하여 거대 태풍과 해일 등에 관한 정보를 교류할 예정이다.

스마트 더스트 모니터링 센터의 에우리노메 소장은 "센터 개소식에 앞서 거대 태풍 발생 지역 일대에 스마트 더스트를 뿌려 각종 정보를 얻고 있다."고 밝혔다.

한편 스마트 더스트가 널리 유포됨에 따라 상대방의 인적 사항을 무선으로 확인하는 등 사생활 침해가 문제시되고 있어 국회에서는 이를 예방할 수 있는 법과 제도적 정비를 서두를 방침이다.

지진 해일 위험 지역의 경고 표지판

일본 후쿠시마 원자력 발전소 사고로 인한 재앙은 전 세계를 떠들썩하게 했어요. 전기를 만들어 편리한 세상으로 이끌어 줄 것으로 믿었던 원자력이 거대한 위험으로 돌변한 것은 한순간이었어요. 이때 지진 해일에 대한 정확한 정보가 있었다면 참사를 막을 수 있었겠지요. 기술이 발달한 현대 사회도 자연의 거대한 힘 앞에서는 무력해지고 말아요.

그러한 자연의 위협으로 인한 재앙을 막기 위해서는 무엇을 해야 할까요? 우선 재난에 대처하고 정보를 공유하는 시스템을 마련해야 하지요. 2007년 케냐의 비영리 기술 기업 우샤히디(Ushahidi)에서는 재난 지역 구호 활동 온라인 지도 플랫폼을 만들었어요. 시민과 자원봉사자 등이 휴대폰과 인터넷 등을 이용해 즉각적으로 상황을 제보하여 실시간 정보를 제공하는 서비스입니다.

그러나 아무리 평상시에 무리 없이 작동하는 시스템일지라도 위험 상황에서 대처하는 데는 역부족일 수 있어요. 일본 대지진의 상황에서만 해도 유무선 전화 사용량이 최대 91배까지 급증해 연결이 지연되는 상황이 지속되었다고 해요. 그나마 스마트폰을 통한 SNS가 비교적 제구실을 하여 이용자들의 소통을 돕고 국제적 연대를 지원할 수 있었지요.

하지만 더욱 중요한 것은 사전에 재난에 대비하는 거예요. 세계 각국에서 '스마트 더스트(Smart Dust)'를 개발하는 이유가 그것입니다. 이름 그대로 영리한 먼지인 스마트 더스트를 지진 해일이 발생하는 지역에 뿌려 놓으면 지진대의 움직임을 실시간으로 파악하여 재해를 예방할 수 있어요. 태풍의 움직임을 더욱 면밀하게 파악하여 그에 관한 대비를 완벽하

게 할 수 있지요.

스마트 더스트를 좀 더 자세히 살펴볼게요. 스마트 더스트는 공중에 떠다닐 수 있는 아주 작고 가벼운 몸체에 센서와 송수신기, 태양 전지 등을 넣어서 자율적으로 네트워크를 형성합니다. 곤충 로봇보다 훨씬 작아서 사람의 눈에 띄지 않을 정도지요. 그래서 원자력 발전소 사고 현장처럼 사람이 들어가기 힘든 곳에서도 내부를 살펴볼 수 있어요.

여러 분야의 연구자들이 스마트 더스트를 연구하고 있어요. 전쟁터에서도 적진의 움직임을 살피는 정보 정찰 임무를 훌륭히 수행할 수 있겠지만 자연 재앙을 막는 데 사용된다면 훨씬 의미있는 일일 거예요. 첨단 정보 통신 기술이 우리 사회의 안전 지킴이로 활동한다면 그보다 보람된 일도 없겠지요.

지.아이.조 : 전쟁의 서막
(G.I. Joe : The Rise Of Cobra)

국내 배우 이병헌이 출연한 영화로 초소형 로봇이 금속성 물질을 갉아 먹는 장면이 이채롭지요. 이로 인해 거대한 에펠탑이 무너지는 장면은 장관이라고 할 수 있어요. 여기에 쓰이는 기술은 '미세 전자 기계 시스템(MEMS : Micro Electro Mechanical System)'이라는 초소형 기계랍니다. 영화에서는 초소형 기계 수천 개로 이뤄진 로봇들이 쇳조각 같은 물체까지 무서운 속도로 먹어치우지요. 미세 전자 기계 시스템은 이렇게 사용하는 사람의 의도에 따라 재앙이 될 수도 있어요.

★ 미래뉴스 ★

8 BMI 기술

오래된 생각을 사고판다고?

경찰청이 사람의 생각을 사고파는 사람들의 문제로 골머리를 앓고 있다. BMI 기술을 이용해 의사소통을 하는 사람들이 늘어나면서 발생하는 현상이다.

BMI 기계 사용자들은 장치를 더 이상 사용하지 못하게 되자, 고가의 기계를 중고 시장에 내놓고 있다. 그러나 사람의 뇌에 장착되어 사용되던 BMI 기계의 중고 시장은 여러 가지 문제를 야기한다.

일부 중고 시장 업자들은 유명인이 사용했던 BMI 기계에서 유명인의 생각을 다운받아 온라인에서 판매하고 있다고 한다. BMI 기계가 불필요한 사용자들은 중고 시장에 내놓기 전에 입력 정보를 삭제하지만 기술적으로 복원이 어렵지 않아 생기는 문제다. 자신의 생각을 노출하지 않기 위해서는 폐기 처분하는 것이 안전하지만 고가의 장비이기에 중고 시장을 찾는 이들이 적지 않다.

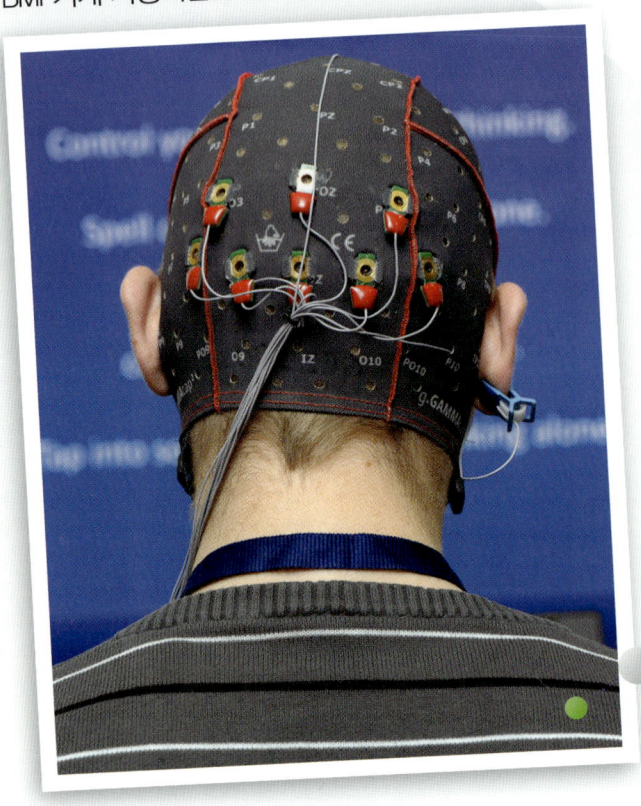

● 인간의 뇌를 컴퓨터와 연결하여, 뇌파만으로도 컴퓨터 게임을 즐길 수 있어요.

베르나르 베르베르의 장편소설 《뇌》는 신경 과학의 놀라운 가능성을 담고 있어요. 과거의 시점에서 전개되는 니스신용은행 법무 담당 부서 책임자로 일하는 장 루이 마르탱. 그는 전형적인 은행원으로 평범한 일상을 살았으나 교통사고로 '감금증후군' 상태에 놓여요. 뇌를 제외한 신체 모든 부분이 마비돼 정신이 육체 안에 갇히는 신세가 되지요. 그런 마르탱도 의사소통을 할 수 있답니다. 시신경과 컴퓨터를 연결해 뇌와 정신세계에 다가가서 지적 욕구를 채워 나가는 거지요. 마르탱처럼 몸이 자유롭지 못한 사람들도 얼굴의 근육이 조금이라도 살아 있으면 그 움직임을 감지해 컴퓨터로 보내 기계를 제어할 수 있답니다.

인간의 뇌파로 기계를 움직이려면 매우 복잡한 과정을 거쳐야 해요. 뇌파를 측정하려면 뇌를 보호하는 두개골 위에 센서를 붙이거나 특정 뇌 부위에 미세 전극을 삽입해야 하지요. 그렇게 하면 장애인들이 마우스나 조이 스틱을 이용하지 않고도 컴퓨터를 마음먹은 대로 조작하는 것이 가능해 게임도 즐길 수 있어요.

'뇌-기계 인터페이스(BMI : Brain-Machine Interface)'는 인간의 뇌를 기계와 연결하여 뇌신경 신호를 실시간 해석하여 활용하거나, 외부 정보를 입력하고 변조시켜 인간 능력을 증진시키는 융합 기술이에요. 여기에는 뇌파의 측정과 분석을 통해 자신의 뇌 활동 상태를 파악하여 실시간으로 나타나는 뇌파 성향이 건강한 패턴을 가지도록 스스로 조절하게 하는 '뉴로피드백' 훈련도 필요하지요.

현재 BMI는 사고나 질병으로 인체의 손상을 입은 환자를 치료하는 의

료 중심으로 개발되고 있어요. 하지만 머지않은 미래에 뇌파만으로 컴퓨터를 작동하고 생각만으로 전 세계 사람들과 의사소통을 하는, 영화 속에서나 존재하던 모습이 현실화될 것이라 믿어요. 이미 쥐나 햄스터의 대뇌피질에서 추출한 생체 신경 세포망 사이에 미세 전극을 삽입하는 기술은 성과를 거두고 있어요.

이제 신경 시스템이 영장류에 적용돼 로봇 팔을 움직임으로써 사지가 마비된 사람들도 일상생활을 할 수 있는 날이 다가오고 있답니다. 오로지 '생각'만으로 신경 장애나 신체 장애가 있는 사람들이 휠체어나 인공 기관, 마비된 팔과 다리를 조종하게 된다는 말이지요. 아직까지는 실험실에서 성과를 내는 수준이지만 로봇 팔이 장착되는 것은 시간 문제예요.

그렇다면 운동 명령을 내릴 수조차 없는 중풍 환자나 척수 손상 환자는 어떻게 해야 할까요? 감각 신경계만으로 휠체어나 인공 기관, 마비된 팔과 다리를 조종하면 간단하지요. 팔과 손의 움직임을 표현하는 세밀한 명령어를 변별하기까지는 시간이 많이 흘러야 할 거예요. 뇌와 컴퓨터의 소통은 계속 진화할 것입니다.

인간-컴퓨터 상호 작용

인간과 컴퓨터 사이의 상호 작용을 위해 전산학, 심리학, 산업 공학 등의 서로 다른 연구 분야가 공동으로 연구를 해요. 상호 작용은 사용자와 컴퓨터 사이에 있는 연결 장치에서 나타나는 다양한 작용을 말해요. 개인용 컴퓨터뿐만 아니라 스마트폰, 자동차 등을 인간에게 더욱 편리하게 사용하기 위한 연구 분야라고 할 수 있어요. 로봇이 사람의 말과 몸짓, 표정 등으로 의도를 파악하도록 하는 것도 인간-컴퓨터 상호 작용에 대한 연구가 있기에 가능한 거예요.

●●●●● Future 📶

✉ 2034-○○-○○

★ 미래뉴스 ★

85 %

세상을 보는 새로운 눈
생생한 상상 뉴스

9 지각 컴퓨팅

말 잘하는 사람이면 누구나 아티스트

누구나 아티스트가 되는 시대가 열리고 있다. 첨단 지각 컴퓨팅을 이용해 모니터를 캔버스 삼아 활동하는 작가들의 작품을 한 자리에 모은 전시회가 국립 현대미술관에서 개막되었다. 여기에 참여한 작가들은 주로 손과 발에 장애가 있는 화가들로 소리만으로 작품을 완성시켰다. 이들은 지각 컴퓨팅 프로그램 '레디고'를 활용해 컴퓨터 모니터를 화폭으로 삼을 수 있었다.

레디고는 작가의 소리를 지능적으로 인식한다. 만일 뜻이 모호할 경우에는 몇 개의 안을 제시해 작가가 선택하게 한다. 지각 컴퓨팅 업계에서는 "소리만으로 피카소가 탄생하는 시대가 열렸다."고 환호하는 가운데 기존 화가들은 "작가의 영혼이 담기지 않은 작품이 난무한다."고 볼멘소리를 하고 있다.

마이크로소프트의 엑스박스는 이용자의 몸짓과 손짓, 그리고 음성을 인식해 작동해요.

9 지각 컴퓨팅

만일 스마트폰이 터치 스크린 방식으로 작동되지 않았다면 여러 가지로 불편했겠지요. 여러 버튼을 사용해서 이동하는 도중에 원치 않는 페이지로 넘어가는 상황이 많았을 거예요. 터치 스크린 방식은 사용자 *인터페이스를 획기적으로 개선했어요. 컴퓨터 기기에 접근하는 통로를 골목길에서 고속도로로 확장했다고 해도 틀린 말이 아니지요. 물론 고속도로가 좋은 것만은 아닐 수도 있지만요.

*인터페이스 : 서로 다른 두 시스템이나 장치 등을 서로 이어 주는 부분이나 접속 장치를 말해요. 인간과 컴퓨터를 연결해 주는 키보드도 일종의 인터페이스랍니다.

사실은 그것도 맛보기에 지나지 않아요. 영화 속에서 주인공이 장갑을 낀 손으로 허공을 휘저으면 연결된 대형 모니터에 또는 홀로그램으로 영상이 펼쳐지기도 했잖아요.

동작이나 제스처를 인식하는 여러 장치들이 개발되고 있어요. 기존에는 마우스와 키보드, 터치 스크린 등이 컴퓨터로 들어가는 관문이었으나 이제는 동작이나 목소리가 중심으로 다가서고 있지요.

3D 동작 조절 시스템 '리프 모션(Leap Motion)'은 손동작을 3차원으로 스캔한답니다. 리프 모션은 USB 장치와 손가락 동작을 감지하는 카메라만 설치하면 누구나 즐길 수 있어요. 게임이나 인터넷 등을 그야말로 손쉽게 할 수 있고, 움직임을 정확하게 포착하기 때문에 외과 수술이나 건축 설계까지도 손동작으로 할 수 있다고 해요.

최근에는 음성 인식 기술도 놀라운 성과를 내고 있어요. 애플의 시리, 구글의 나우, 마이크로소프트의 엑스박스 등은 목소리를 통한 인터페이스의 확장을 이뤄 냈어요. 예컨대 애플의 시리는 아이폰 같은 스마트 기

기에 있는 음성 인식 인공 지능 비서 애플리케이션이지요. 사용자가 명령을 내리면 목소리를 듣고 전화를 걸고 정보를 추천하기도 해요.

어쩌면 동작이나 목소리 인식도 머지않아 시들해질지 몰라요. 이제는 스마트 기기들이 사용자의 의도를 파악해 특별한 조작을 하지 않아도 스스로 작동하는 상황 인식 능력을 보여 주고 있으니까요. 이미 자동으로 빈자리를 찾아 주차를 하는 기술도 실용화되었지요. 상상하던 기술이 우리의 손에 들어오는 것은 시간 문제라 해도 지나친 말은 아닙니다.

우리를 첨단 신세계로 안내할 또 다른 기술로 '지각 컴퓨팅'을 이야기할 수 있어요. 이 기술은 터치는 물론 몸짓이나 손짓 그리고 음성, 안면 인식 등으로 컴퓨팅 장치를 조작할 수 있어요. 사용자는 쉽게 컴퓨터에 다가설 수 있고 스마트 기기들은 서로 소통하면서 능력을 확장하게 될 것입니다. 인간과 컴퓨터의 거리가 갈수록 가까워지는 것은 틀림없는 사실이지요.

증강 현실

실재 세계에 3차원 가상 물체를 겹쳐서 보여 주는 기술을 일컫는 말이에요. 사람의 눈으로 보는 현실에 가상 세계가 들어오는 것이죠. 현실 세계에 실시간으로 부가 정보를 갖는 가상 세계를 합쳐 하나의 영상으로 보여 주므로 혼합 현실이라고도 해요. 이 기술이 바탕이 되어 원격 의료나 건축 설계, 방송 제작 등이 이뤄지기도 하지요. 비슷한 말로 가상 현실이 있는데 서로 차이가 있어요. 증강 현실은 현실 세계에 존재하는 내가 현실의 공간에서 가상의 사물을 보는 것이지만, 가상 현실은 말 그대로 현실 세계에 존재하지 않는 가상의 세계를 보여 주는 것입니다.

미래뉴스

2034-○○-○○

10 사이버 전쟁

사이버 한일전 발발 코앞에

한국과 일본의 사이버 공격이 전쟁으로 비화될 조짐을 보이고 있다. 양국 사이버 사령부 소속 부대들은 지난 2월 초부터 컴퓨터 바이러스 투입 등 지속적으로 전투를 감행하는 것으로 알려졌다. 때로는 민간 기업에 대한 사이버 공격까지 이뤄진 것으로 파악되어 국가적 대응에 나서야 한다는 의견이 제기되고 있다.

한국군 사이버 사령부 종합 상황실에서는 여러 단말기 사이에서 어떤 '전투(바이러스 침투)'가 이뤄지는지를 24시간 모니터링하고 있다. 각종 수신 명령을 적절하게 송신하여 단말기나 프로그래머들이 전투에 나설 수 있도록 지원하려는 것이다. 어떤 사람들은 이러한 사실을 UN 사이버 대응 센터에서도 주시하고 있어서 전쟁으로 이어지지 않을 것이라고 예측하기도 한다.

총성 없는 전쟁 혹은 무혈 전쟁이라고 불리는 사이버 전쟁은, 무력을 사용하지는 않지만 그 파괴력은 핵무기 못지않아요.

10 사이버 전쟁

핵무기는 살상과 파괴의 대명사라고 할 수 있어요. 전쟁 없는 세상을 바라는 사람들은 핵무기를 없애야 한다고 주장하지요. 어떤 사람들은 평화를 지키기 위해 핵무기가 필요하다고 말하기도 합니다. 엄청난 폭발력으로 지구촌을 파멸로 이끌 수도 있는 핵무기, 그것을 무력을 사용하지 않고도 쓸모없게 만드는 방법이 있어요.

대부분의 현대전에 사용하는 무기가 전자적으로 이뤄진 점을 생각하면 해법을 찾을 수 있어요. 바로 총성 없는 전쟁이라 불리는 사이버 공격을 감행하는 거예요. 그러한 사례는 쉽게 찾을 수 있어요. 2010년에 한 대학 컴퓨터에 있던 '스턱스네트'라는 바이러스가 이란의 우라늄 농축 시설 여러 개를 손상시킨 일이 있어요.

만일 컴퓨터 악성 코드가 우리나라의 원자력 발전소를 공격하여 시설이 오작동하면 어떻게 될까요. 거대한 폭발이 일어나 발전소는 물론 인근 지역까지 방사능에 오염되어 죽음의 땅이 될 게 틀림없어요. 심지어 국가를 유지하기 어려운 상황에 빠질 수도 있을 거예요. 국가적으로 사이버 공격에 대비해야 할 이유가 여기에 있지요.

하지만 현실은 위험 상황에 대한 대비가 부족한 게 사실이에요. 세계적인 사이버 전쟁이 핵 전쟁과 같은 규모의 파괴로 이어진다면 수백만 명이 목숨을 잃을 것입니다. 사이버 공격으로 전력망이 파괴된다면 전기 공급이 중단되겠지요. 이런 날이 10여 일만 이어져도 국가 경제는 모두 멈추고 의식주 등의 문제로 사망자가 속출할 거예요.

사이버 공간에서 공격을 감행하는 것은 어려운 일이 아니에요. 거대한

항공모함을 옮길 필요도 없고, 신형 전투기가 필요하지도 않아요. 막대한 군사비를 사용하지 않아도 되지요. 국가가 아니어도 '어나니머스' 같은 해킹 단체를 조직해 목표물을 공격할 수도 있어요. 오히려 정보화가 빠르게 이루어진 선진국일수록 사이버 시스템에 의존하기에 해커들의 공격에 취약할 수 있답니다.

현재의 컴퓨터는 보안보다 편의성을 중시하기에 공격자가 방어자보다 유리해요. 언젠가는 보안을 강화하는 방향으로 컴퓨터 시스템을 재설계해야만 합니다. 그런 날이 오기 전까지는 갈수록 고도화되는 사이버 무기에 대비하는 게 급선무이지요. 테러 집단의 *핵티비즘에 의한 악성 코드를 핵무기로 여겨야 한다는 말이에요.

아직까지 우리나라는 사이버 공격에 약점이 많은 게 사실이에요. 금융 기관의 네트워크 공격에 의한 전산망 마비가 잇따르는데도 사이버 안전에 많은 관심을 기울이지 않고 있으니까요. 율곡 이이의 10만 양병설을 떠올리며 사이버 전쟁에 대비를 해야 해요. 컴퓨터 사용자라면 악성 코드의 위험을 생각하여 불필요한 다운로드를 받지 않는 것부터 실천해야겠네요.

*핵티비즘 : 해커와 행동주의의 합성어로 정치나 사회적인 목적을 이루기 위해 노선이 다른 정부와 기업, 단체 등의 인터넷 웹사이트를 해킹하고 공격하는 행위.

다이하드 4.0(Live Free Or Die Hard)

영화로 과학 보기

첩보 조직이나 강력한 폭탄을 가진 사람들보다 온라인의 유령이 더 무서운 적임을 알아차렸어요. 새로운 적은 미국의 교통과 통신, 금융 등 모든 온라인 네트워크를 장악한 사이버 테러리스트였어요. 이 영화에서는 해커를 비롯한 소수의 음모로 전 세계가 한순간에 통제 불능의 상태에 이를 수 있다는 사실을 실감나게 보여 줍니다. 악의로 무장한 사이버 테러 집단, 여기에 맞서는 무기는 무엇인지 궁금하지 않나요?

2034-○○-○○

김아니 기자의
사건으로 보는 미래 과학

디지털 도청

감시자 빅 브러더가 다시 나타났다!

"당신들의 일상을 엿보는 누군가가 있다."

미국의 국가안보국과 영국의 정보 통신 본부가 북미와 유럽을 잇는 통신 광케이블을 가로채 전화와 인터넷 자료를 도청 감청하고 분석했다. 이 두 나라의 정보 기관이 1년 6개월여 동안 해킹한 양은 상상을 초월한다. 무려 6억 건의 전화 통화와 3900만 기가바이트의 인터넷 전자 우편과 접속 기록이 빠져나갔다. 영국 대영도서관이 보유한 2500만여 권의 장서에 담긴 정보 총량의 190배가 넘는 분량이다. 이러한 사실에 대해 조지 오웰의 소설 《1984》에 나오는 거대 권력을 가진 감시자 빅 브러더는 어떻게 생각하는지 들어 보자.

감시 또 감시!
-빅 브러더-

나는 20세기 중반에 발표된 소설 《1984》에서 사생활 감시와 통제를 통해 거대한 권력을 잡은 사람이야.
당시 내 주위에는 텔레스크린과 신조어가 많이 있었어. 텔레스크린은 지금의 CCTV 정도 될 거야. 고위 당직자들을 제외한 대부분의 사람들은 언제 어디서나 감시에서 벗어날 수 없었어. '표정 범죄(Facecrime)'를 예방하기 위해서였지. 시민의 말투와 표정 같은 정보를 수집해서 잠재적 범죄를 막아야 했으니까.

개인의 사생활이라는 것도 문제가 많았어. 그래서 신조어를 사용하도록 한 거야. 마치 요즘 유행하는 인터넷 용어처럼 말이야. 시간이 흐를수록 어휘수가 줄어들면서 생각의 폭도 좁아질 수밖에 없었지. 인터넷을 하다 보면 관심 분야와 사용하는 어휘도 줄어들 거야. 나는 그걸 일찍 알아차려서 신조어를 통치의 수단으로 활용한 셈이지. 미국이 2007년부터 프리즘 시스템을 도입해 훔쳐보기를 한 것은 테러와의 전쟁 때문이었을 거야. 나는 마이크로소

정보 과학 이야기

프트나 구글, 페이스북, 유튜브 등의 중앙 서버에 접속해 정보를 빼낸 것을 테러 모의를 사전에 탐지해 무고한 희생을 막으려는 위대한 결단이었다고 생각해. 더구나 사생활을 침해하지 않으려고 메타 데이터(Meta Data : 데이터에 관한 데이터)만 수집한 것만 봐도 이해할 만하다고.

> "빅 데이터는 고객에 대한 거대한 정보야. 각종 정보를 종합하면 그 사람의 성향을 쉽게 파악할 수 있어."

이러한 노력은 여러 곳에서 확인할 수 있어. '빅 데이터'라는 말 들어 봤니? 거대한 고객 정보라고 할 수 있어. 각종 정보를 종합하면 그 사람의 성향을 쉽게 파악할 수 있어. 예컨대 영화 〈미션 임파서블4〉에서는 주인공이 백화점에 들어가면 광고판이 사람의 눈을 스캔해 누구인지 파악하고 맞춤형 상품 정보를 제공해. 그처럼 미국과 영국이 파악한 다양한 정보는 경제적으로도 유용하게 사용할 수 있을 거야.

요즘 같은 세상에 CCTV가 없으면 어떨까? 음습한 범죄 현장을 분석하고, 교통사고를 조사하는 데 CCTV가 얼마나 유용하게 사용되는지 보라고. 서울에 사는 사람들이 집을 나와서 대중교통으로 시내를 돌아다닌 뒤 집에 돌아가기까지 30여 차례나 CCTV에 찍힌다는 사실을 알고 있는지 모르겠네. 인식하지 못할 뿐, 요즘 사람들은 엄청난 감시 체제에 속해서 살고 있는 거야. 사람들의 안전을 위해 그들의 일상을 엿보는 누군가가 있다는 것을 기억하라고. 물론 숨어서 감시하고 있는 그들도 폐해가 최소화되도록 노력해야 할 거야. 정보를 수집하더라도 개인의 사생활을 지키며 합법적으로 한다든가 하는 방법 말이야. 그러면 서로 마음 놓고 안전한 사회를 지켜 나갈 수 있겠지?

통신 광케이블을 가로채 전화와 인터넷 자료를 훔쳐 보는 일도 있어요.

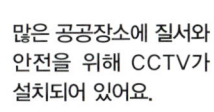

많은 공공장소에 질서와 안전을 위해 CCTV가 설치되어 있어요.

4장

환경·에너지 과학 이야기

지구촌이 기상 변화에 촉각을 곤두세우고 있어요. 지구가 뜨거워지면서 기상 이변이 잇따르고 있기 때문이지요. 초원이 사막으로 바뀌고, 북극의 빙하가 녹고 있어요. 사람들의 삶을 풍요롭게 만들었던 화석 연료가 오히려 사람들의 목을 조이고 있다고 말하기도 하지요. 앞으로 이산화탄소를 많이 배출하는 산업은 서서히 자취를 감추게 될 거예요. 석유에만 의존하던 생활 모습도 많이 바뀌겠지요. 어떻게 석유 없이 살 수 있는 세상을 만들까요?

4장 환경·에너지 과학 이야기에서는 지구 온난화로 인한 재앙과 새로운 재생 에너지 기술의 현실과 미래를 살펴볼 거예요. 아직은 석유를 바로 대체할 수는 없다 해도 바닥을 드러내는 화석 연료를 대신할 에너지와 기술들에 대해 알아봐요. 먼저 에너지를 아끼는 것으로부터 시작해야 하겠지요?

 Future

2034-○○-○○

★ 미래뉴스 ★

85 %

세상을 보는 새로운 눈
생생한 상상 뉴스

1
지구
온난화

유기농 채소 맛보기 어렵다

전 세계적으로 유기농 채소가 자취를 감추고 있다. 일반 토지에서 재배되는 채소 가격은 천정부지로 치솟아 부의 상징이 되었다. 대다수의 시민들은 도심의 식물 빌딩에서 재배하는 GMO 식품을 섭취할 수밖에 없다. 지구 온난화로 인해 식물 재배 면적이 줄어들고 농작물 수확량도 크게 줄어들었기 때문이다.

실제로 지구의 북극권이 사라졌을 뿐만 아니라 열대와 아열대 지역도 기후가 바뀌면서 황폐해지고 있다.

21세기 초만 해도 지구 기온이 식물 성장에 도움을 주었다. 예컨대 벼 이모작이 가능한 농지가 늘어났던 것이다. 하지만 기온이 지나치게 상승하면서 식물의 열매가 아예 맺히지 못하게 되었고, 식물은 멸종 위기에 놓였다.

지구 온난화로 빙하가 녹고 있어요.

1 지구 온난화

지구 온난화는 공기 중에 있는 *온실 가스 농도가 높아지면서 지구의 평균 기온이 높아지는 현상이에요. 온실 가스는 이산화탄소와 수증기 등으로 이루어졌는데 사실 해롭기만 한 것은 아니에요. 만일 온실 가스가 없다면 지구의 평균 기온이 영하 18도 정도로 추워질 거예요. 오늘날 지구의 평균 기온이 15도 정도이니 온실 가스가 지구의 기온을 33도나 올려놓은 셈이지요.

> *온실 가스 : 주로 이산화탄소와 같은 탄산가스로 이루어진 기체들이에요. 온실 가스는 햇빛을 통과시키지만 지표에서 데워져 복사되는 적외선을 마치 온실 지붕처럼 가두어 막아 지구가 더워지는 거랍니다.

오랜 기간 온실 가스는 지구의 기온을 유지하는 데 쓰였어요. 하지만 석탄과 석유 같은 화석 연료가 많이 쓰이면서 대기 중의 온실 가스 농도가 너무나 높아졌지요. 온실 가스 증가로 계속 더워지면 지구가 적도처럼 열대 기후가 될 것이라 생각되지요? 아니에요. 오히려 지구에 빙하기가 찾아올 수 있답니다. 세계 지도를 한번 보세요. 영국의 위도는 추운 시베리아와 거의 비슷해요. 그러나 실제로 영국의 기후는 우리나라처럼 온대성 기후예요. 그 이유는 북대서양에 따뜻한 바닷물인 난류가 흐르기 때문이에요.

바닷물은 그대로 멈춰 있는 듯 보이지만 사실은 바다 표면과 바닥의 온도 차, 염분 농도의 차이 등 때문에 빠르게 흘러요. 즉 적도 지역에서 데워진 물이 바닷물의 흐름을 따라 북쪽으로 흘러가는 것이지요. 그런데 지구가 더워지면 적도 가까이에서 영국을 지나 북극 쪽으로 흘러가는 난류의 흐름이 끊겨 따뜻한 바닷물이 북쪽으로 올라가지 못하게 돼요. 왜냐하면 빙하가 녹아 바닷물의 염분 농도가 낮아지기 때문이에요. 염분 농도가 낮아지면 북극 부근의 바닷물이 가벼워져 바다 밑으로 가라앉지

못해요. 그러면 적도의 열을 품고 북대서양의 물을 데워 주는 난류 역시 올라가지 못하게 되지요. 즉 *해류 순환이 멈추는 거예요. 극지에 있는 바닷물이 늙어져서 이동을 하지 못하는 것이라 할 수 있어요.

> *해류 순환 : 바닷물의 흐름은 마치 공장의 컨베이어 벨트가 도는 것처럼 끊임없이 이어져 흘러요. 해류가 변하거나 제대로 작동하지 않으면 기후가 크게 바뀌지요.

아직까지 북대서양 난류의 순환이 멈출 것이라는 주장은 추측일 뿐이에요. 하지만 섬세하게 균형을 유지하는 해류 순환 시스템이 붕괴된다면 육지도 황폐화될 게 뻔하지요. 당장 해류 순환이 멈춰 지구에 빙하기가 오는 것을 미리 걱정할 필요는 없어도 온실 가스로 인해 지구에 위기가 찾아올지 모른다는 사실만은 기억해야겠죠? 그리고 더워진 지구를 보호할 방법을 찾아야겠어요.

영화로 과학 보기

투모로우(The Day After Tomorrow)

기후 변화에 관련된 영화예요. 영화에서는 지구 온난화로 인한 기후 변화로 영하 수십 도의 한파가 몰아닥쳐 빙하기가 찾아와요.
영화에서처럼 야구공만 한 우박이 떨어지거나 해일이 일어나 곳곳이 물에 잠기고 토네이도가 발생하는 식의 기후 변동은 재앙의 시작일 뿐이에요. 우리는 단순한 현상보다는 기후가 바뀌면서 지구 전체에 큰 위기가 찾아온다는 것을 알아야 해요. 사람이 자연을 파괴하고 함부로 한 끔찍한 결과를 엿볼 수 있답니다.

★ 미래뉴스 ★

2034-○○-○○

세상을 보는 새로운 눈
생생한 상상 뉴스

2
대량 멸종

멸종의 기운이 인류를 위협한다

인류는 미래에도 지구를 잘 이끌어 갈까? 최근 《인류의 종말》이라는 책을 펴낸 생명과학자 카론 박사는 "생태계의 한 구성원에 불과한 인간이 지구를 지배하는 것은 오래 가지 않을 것"이라고 밝혔다. 인류가 만들어 낸 기후 변화가 다른 생물들을 멸종시키거나 변화시키는 데서 끝나지 않고 인류의 생존을 위협하고 있기 때문이다.

"진화 과정에 대량 멸종의 위기가 닥치듯이 인류 또한 스스로 변화시킨 환경의 영향을 되받는 미래의 '멸종 위기 종'으로 몰리고 있다."는 게 카론 박사가 전하는 메시지다. 온난화로 인해 번식 주기를 맞추지 못하는 생물 종이 사라지고 있으며 새끼들은 먹이를 적절하게 공급받지 못하고 있다. 그런 위기에서 생물 종의 하나일 뿐인 인류도 예외는 아닌 셈이다.

생물 종의 절반이 사는 열대 우림이 파괴되어 가고 있어요.

2 대량 멸종

　지구에 사는 생물 *종은 대략 140여 만 종이에요. 이 가운데 90퍼센트가 곤충과 연체동물 같은 작은 생물들로 *열대 우림이나 바다 밑 등 사람의 손길이 닿지 않는 곳에서 살지요. 그러나 이러한 생물들에게도 위기가 닥치고 있어요. 특히 생물 종의 절반쯤이 사는 열대 우림의 파괴는 정말 심각해요. 이로 인해 1년에 2만 종 이상의 동식물이 사라진다고 하니 머지않아 지구 생태계가 무너질 수도 있겠어요.

　아무리 생존 능력이 뛰어난 생물도 기후 변화 앞에서는 대책이 없어요. 지구 온난화로 인한 기후 변화는 해마다 찾아오는 철새들을 볼 수 없게 할지도 몰라요. 사막이 넓어지면서 이동할 거리가 너무 멀어지고, 사막 주변 비옥한 토지에서 먹이를 얻던 철새들이 이동 중에 먹이가 없어 죽거나 옮겨 올 수 없게 되는 것이지요.

　그러면 지난 100년 동안 지구의 온도는 얼마나 높아졌을까요? 사실은 겨우 0.6도 정도 올랐답니다. 그러나 이 작은 변화가 생물 종에 미친 영향은 상상을 초월할 정도예요. 물론 지구 탄생 이후 생물은 끊임없이 사라지거나 생기곤 했어요. 문제는 지구 전체에서 곤충과 식물이 사라지는 속도가 지난 100년보다 훨씬 빠르게 진행되고 있다는 거예요. 이러다가 모든 생명체가 사라질지도 모르는 일이지요.

　일부 생물학자들은 대량 멸종이 다시 재연될 수 있다고 주장하고 있어요. 한동안 지구의 대량 멸종은 태양의 주위를 도는 소행성의 일부가 지

> *종 : 생물을 분류할 때 가장 기본이 되는 단위예요. 같은 종에 속하는 생물은 여러 가지 공통적인 성질이 있어요.
>
> *열대 우림 : 일 년 내내 기온이 높고 비가 많이 오며 키가 큰 나무들이 자라는 숲이에요. 뚜렷한 계절 변화가 없으며 적도 가까운 곳에 발달했지요. 열대 우림 지역에서는 다양한 종류의 나무가 자라고 있어요. 전 세계 동식물의 절반가량은 열대 우림 지역에 사는 것으로 알려졌어요.

구 표면과 충돌하면서 갑자기 일어났다는 가설을 믿는 분위기였어요. 그런데 당시의 화석이나 암석 등의 성분을 조사한 결과 대부분의 멸종은 천천히 일어난 것으로 밝혀졌어요.

그러니까 독성 물질이 들어 있는 화산 가스가 땅과 공기를 오염시키고, 바다로 들어가 해양 생태계를 무너뜨리는 황화수소를 만들어 냈다는 거예요. 지금까지 연구에 따르면 대량 멸종이 일어났을 때 지구 대기의 이산화탄소 농도는 1,000피피엠 정도라고 추측해요. 요즘의 이산화탄소 농도는 평균 385피피엠이며, 지금의 추세라면 2200년쯤엔 900피피엠에 이를 거래요.

인류가 생물 종의 우두머리 역할을 하면서 인구가 폭발적으로 늘어나고 환경은 정화 능력을 잃었어요. 이제 우리가 망가뜨린 지구를 되살려야 해요. 과학의 힘만으로는 지킬 수 없는 지구, 우리가 지구의 미래를 걱정해야겠지요.

생물 다양성의 중요성

생물 다양성은 지구상의 생물 종, 생태계, 유전자가 매우 다양함을 이르는 말이에요. 열대 우림이나 사막, 바다, 극지방 등 모든 서식지에서 식물과 동물이 서로 먹고 먹히며 살아가기 때문에 생물 다양성이 유지되고 있지요. 이렇게 다양한 생물들의 관계는 생태계를 이루고 유지하는 데 정말 중요해요. 세계 여러 나라는 열대 우림의 파괴 등 지나친 환경 개발로 인한 생물 자원의 멸종을 막기 위해 생물 다양성 협약을 맺었답니다.

•••• Future 🛜   85 %

✉ 2034-○○-○○

★ 미래뉴스 ★

세상을 보는 새로운 눈
생생한 상상 뉴스

3 생물 복원

'복원 동물원'에서 매머드를 만나요

"환생한 멸종 동물들을 '복원 동물원'에서 만나요." 서울대공원 인근에 복원 동물원이 개장식을 갖고 관람객들에게 복원 동물들을 선보이고 있다. 복원 동물원에서 가장 관심을 모으는 동물은 백두산 호랑이다. 백두산 호랑이는 오래 전부터 복원 연구가 활발히 이뤄졌으나 최근에야 복원에 성공했다.

복원 동물원에 가면 대형 매머드도 만날 수 있다. 러시아 극동 지역에서 발견한 매머드 사체를 이용해 한국인 과학자가 포함된 연구진이 복제했다. 연구진은 매머드 사체에서 추출한 세포핵에서 배아 세포를 만든 뒤 이를 코끼리 자궁에 착상하는 실험을 거듭한 끝에 매머드를 복제할 수 있었다. 현재는 밸로시랩터 등 다양한 공룡을 복원하려는 연구가 활발하게 이뤄지고 있다.

4만 년 전부터 1만 년 전까지 생존했던 코끼릿과의 매머드

3 생물 복원

2000년대에 들어서자마자 서울대공원에서는 백두산 호랑이를 복제하려는 실험이 있었어요. 당시 서울대 연구팀은 북한에서 보내온 호랑이 '낭림이'를 복제하려고 했어요. 방법은 낭림이의 귀에서 떼어 낸 체세포를 *핵 이식해서 만든 수정란을 대리모 구실을 하는 암사자의 자궁에 넣는 것이었어요. 몇 차례 시술이 이뤄졌지만 끝내 성공하지는 못했어요.

이렇게 사라졌거나 사라질 위험에 처한 생물 종을 되살리려는 복제 기술 연구가 활발하게 이뤄지고 있어요. 복제 기술은 멸종 위기를 맞은 생물들에게는 기쁜 소식이지요. 그동안 이 연구에서 가장 어려운 점은 멸종 동물의 생식 세포를 구하는 일이었어요. 그러나 귀와 코 등 몸을 구성하는 모든 체세포의 핵을 난자에 결합해 생명체를 얻는 체세포 복제 기술 덕분에 성과를 거두고 있답니다.

오늘날 시베리아의 과학자들은 매머드를 되살리려고 해요. 매머드는 코끼리와 비슷하게 생긴 선사 시대 동물로 지구상에서 자취를 감추기 전까지 사람과 함께 살았어요. 과학자들은 체세포 복제 기술을 이용해 순수한 혈통의 매머드를 되살리고 싶어 해요. 빙산 어딘가에 숨겨져 있을 매머드의 사체에 세포 형태로 남아 있는 DNA 분자를 추출해 복제를 시도하려는 것이지요.

과학자들은 이미 영하 20도 아래에서 냉동 보존된 매머드의 털과 근육 조직 등에서 유전 물질을 뽑아 내 *동결 동물원을 만들어 놓고 있어요. 그러나 아무리 냉동된 상태라 해도 DNA가 수천 년을 지나면서 망가질 수 있기에 복

*핵 이식 : 난자에서 핵을 제거하고, 그 자리에 다시 체세포에서 빼낸 핵을 넣는 거예요.

*동결 동물원 : 시베리아 등지의 얼어붙은 땅속에 냉동 상태로 보관되어 있는 세포를 일컫는 말이에요. 요즘에는 멸종 위기 동물의 세포를 질소 탱크에 넣어 냉동 보관하는 것을 뜻하기도 해요.

제의 길은 멀기만 해요. 복제 시술에 앞서 DNA 복구부터 해야 하는 상황이지요.

2000년에는 오스트레일리아 박물관 연구진이 1930년대에 완전히 사라진 태즈메이니아 호랑이의 DNA를 알코올 병에 보존되어 온 새끼의 사체에서 극적으로 추출했어요. 하지만 복제 성공 소식은 아직 들리지 않아요. 이렇게 동물 복제에 관한 소식이 잇따르면서 멸종 동물의 환생을 기대하는 사람들이 많아져요. 기술적으로 불가능한 일은 아니니까요.

그렇지만 멸종했던 동물들이 복제 기술을 통해 재탄생하는 것을 기뻐할 일만은 아니라는 지적도 있어요. 복제 과정에서 변종이 탄생해 생태계를 교란시킬 수도 있기 때문이지요. 더구나 복원이 되더라도 예전의 생태계가 아니어서 지구 환경에 적응하며 살지 못할 것이라는 지적도 있어요. 그래도 멸종 동물들을 만나는 것은 기쁜 일이겠지요.

쥬라기 공원(Jurassic Park)

영화 〈쥬라기 공원〉에서처럼 공룡을 되살릴 수 있을까요? 〈쥬라기 공원〉은 고대 식물의 진이 굳어져서 만들어진 광물 '호박' 화석이 생명을 품고 있을 것이라는 기대에서 나왔어요. 화석에 갇힌 모기의 피에서 공룡의 DNA를 채취해 공룡을 만들어 낸 것이지요.

하지만 현실적으로는 호박 화석에 갇힌 모기에 의해 공룡이 되살아날 가능성은 거의 없어요. 높은 온도와 압력에 의해 화석이 되면서 고대 생물의 DNA 원형이 보존될 수 없기 때문이지요. 설령 원형이 보존되었더라도 화석의 화학 변화에 따라 DNA가 손상될 수밖에 없어요. 그러니 우리가 실제로 〈쥬라기 공원〉에 갈 수는 없을 거예요.

•••• Future 🛜   85%

★ 미래뉴스 ★

2034-○○-○○

세상을 보는 새로운 눈
생생한 상상 뉴스

4 인공 강우

태양 에너지 분산으로 비를 조절해요

세계 최초의 인공 강우 실험 100년을 기념하는 학술 심포지엄이 기후 조절 센터에서 열렸다. 러시아에서 1932년 세계 최초 인공 강우 연구소를 설립해 드라이아이스나 요오드화은(AgI)을 구름에 뿌린 이래 비와 눈이라는 자연 현상을 인류가 조절하기까지 많은 시간과 노력을 투자해야 했다.

이제 자연재해를 조절하는 기술이 대중화되었다. 예컨대 우주 공간에서 태양 에너지를 분산시키거나 적도 부근에 집중된 에너지를 다른 곳으로 이동시키기도 한다. 태풍 발생을 막는 동시에 에너지를 유용하게 활용할 수 있게 된 것이다. 폭우와 가뭄 등을 자유롭게 조절하게 되면서 물 부족 현상도 해결될 조짐을 보이고 있다.

구름 속에 '비의 씨앗'을 뿌려 인공으로 비가 오게 해요.

4 인공 강우

'세계 물의 날'을 알고 있나요? 잘 모른다면 아마도 우리나라의 물 사정이 크게 나쁘지 않아서 그럴 거예요. 세계 물의 날은 3월 22일이에요. 전 세계의 물 문제 해결을 위해 국제 연합 총회에서 만든 날이지요. 물은 모든 생물을 낳고 기르는 생명의 근원이에요. 그래서 우주에서 생명체의 흔적을 찾을 때도 물을 발견하려고 하지요. 이렇게 중요한 물이 지구에서 차츰 줄어들고 있어요. 기후 변화, 인구 증가, 도시화, 오염 등이 물을 마르게 하는 원인이에요.

지구 온난화로 인한 기후 변화는 많은 사람들이 삶의 터전을 떠나게 만들었어요. 브라질 북동부의 건조 지역에서 태어난 사람들 다섯 명 중 한 명은 가뭄을 피해 다른 곳으로 옮겨요. 고비 사막은 갈수록 넓어지고 있어요. 아프리카의 나이지리아에서는 해마다 약 2,000제곱킬로미터의 지역이 사막으로 바뀌어요. 오늘날 지구촌 육지의 2퍼센트가 가뭄으로 피해를 입는데, 이 면적은 점점 넓어져 앞으로 40년쯤 지나면 10퍼센트의 땅에서 식물이 자라지 못하게 될 것이라고 해요.

이렇게 *사막화되는 땅을 어떻게 살려야 할까요? 비를 인공적으로 만들려면 우선 중요한 구름 씨가 있어야 해요. 구름 씨를 만들기 위해서는 곱게 부순 드라이아이스를 씨앗으로 뿌리면 된답니다. 그 밖에 얼음의 구조와 비슷한 요오드화은 같은 화학 물질을 물과 함께 뿌려 구름 지대에서 격렬한 반응을 유도하는 방법이 있어요.

이러한 인공 강우 기술은 앞으로 널리 쓰이게 될 거예

> *사막화 : 기후가 건조해지고, 땅이 생산성을 잃는 현상이에요. 사막은 내리는 비보다 증발하는 양이 많아 동식물이 살기 힘들지요. 사막화는 극심한 가뭄이나 사람들의 개발 활동으로 농작물이나 가축을 기를 수 없을 정도로 토지가 황폐해졌음을 뜻해요.

요. 물 1톤을 뿌리면 100배 이상의 빗물을 만들 수 있으니까요. 그러나 실제로 이 방법을 자주 쓰기는 힘들어요. 구름 씨를 뿌려 비를 만들려면 우선 구름이 있어야 하거든요. 그런데 가뭄이 심한 곳에는 대부분 구름도 거의 없어요. 마른하늘에 구름 씨를 뿌려도 비는 내리지 않지요.

인공 강우에 대한 문제도 있어요. 비가 내릴 만큼 여물지 않은 구름을 쥐어짜 한쪽에 비를 내리면 다른 지역은 가뭄에 시달릴 수 있거든요. 게다가 구름에 뿌리는 화학 물질이 지구를 오염시킬 수 있고, 한 지역에 비를 몰아 주면 다른 지역에 구름이 생기지 않아 자연적인 비마저도 내리지 않을 수 있답니다. 또 비를 인공적으로 만드는 데 돈이 너무 많이 든다는 지적도 있어요.

비를 만드는 것보다 더 바람직한 방법은 구름을 만들어 내는 거예요. 인공 폭풍우도 만드는데, 구름을 만들지 못할 이유가 없잖아요. 그런데 구름을 만드는 것은 폭풍우를 재현하는 것보다 더 어려워서 아직은 성공하지 못했어요. 구름을 만들어 내기 전까지는 한 방울의 물도 아끼는 수밖에 없을 것 같아요.

녹색 직업

환경을 지키기 위해 화석 연료를 대체하는 에너지를 생산하고 관리하는 등, 지구 환경을 지키는 것에 관련된 직업군을 녹색 직업이라고 해요. 신재생에너지와 관련된 직업으로는 태양광 발전 연구원, 풍력 발전 시스템 엔지니어 등이 있고, 기후 변화에 관련된 직업으로는 탄소 거래 중개인, 녹색 빌딩 건축가 등을 꼽을 수 있어요. 앞으로는 지역간 기후 분쟁이나 갈등을 해결하는 기후 변화 경찰도 등장할 것이라고 하네요.

•••• Future 🛜　　　　　　　　　　　　　　　⌖ ⏰ 85% 🔋

✉
2034-○○-○○

★ 미래뉴스 ★

세상을 보는 새로운 눈
생생한 상상 뉴스

5 테라포밍

인공 지구, 10년의 결실을 맺다

지구 생물권의 축소 모형을 만들겠다는 야심 찬 프로젝트 '바이오스피어3'가 10년의 실험을 자축하는 기자 회견을 가졌다. 바이오스피어3 주민 100명이 10년 만에 밀폐된 유리돔을 벗어나 대중 앞에 모습을 드러낸 것이다. 생물학자로 실험에 참가한 트리톤은 "인간이 극한의 환경에 적응하는 기술적 어려움을 극복했다. 이제 테라포밍만 남았다."고 밝혀 박수를 받았다.

이들이 밀폐된 유리돔에서 10년을 견딜 수 있었던 비결은 간단했다. 물질 순환의 비밀이 풀려 산소를 적절히 유지하여 생명체를 유지할 수 있었기 때문이다. 예컨대 산소를 마구잡이로 잡아먹던 콘크리트를 대신하는 재료로 건물을 만들고, 미생물들의 서식 환경을 새롭게 조성하기도 했다. 연구자들은 바이오스피어3를 화성에 옮기는 데 초점을 맞춰 실험을 이어갈 예정이다.

실패로 끝난 제2의 지구 바이오스피어2. 지구 생태계를 본떠 만들었으나, 인공적으로 만든 생태계는 기대대로 작동하지 않았어요.

5 테라포밍

지구 멸망의 날은 상상도 하기 싫지요? 만일 그런 날이 온다면 인간은 생존을 이어갈 수 있을지 궁금하네요. 과학자들은 지구 밖에서 인간이 살아갈 수 있을지에 대해 끊임없이 연구하고 있어요. 지구 온난화로 인해 생물체의 변종이 탄생하여 인류를 위협할 수도 있잖아요. 지금은 생각할 수도 없는 대재앙이 지구를 삼킬 수도 있는 일이고요.

오래 전부터 과학자들은 '테라포밍(Terraforming)' 프로젝트를 진행하고 있어요. 지구가 아닌 외계의 환경을 인간이 살 수 있도록 변화시키겠다는 야심찬 계획이에요. 테라포밍은 지구(terra)와 형성(forming) 두 단어가 합쳐진 말로 '지구화'를 의미해요. 외계 행성이나 위성 등 천체의 환경, 즉 대기 및 기온, 지표 형태 또는 생태계를 지구와 흡사하게 만들어 인간을 비롯한 지구 생물이 거주할 수 있도록 개조한다는 것이죠.

테라포밍을 위해서 무엇을 해야 할까요? 일단 외계 행성의 극지를 녹여 물을 만들어야겠지요. 소행성을 충돌시켜 발생하는 열로 얼음을 수증기로 만들 수 있어요. 대기가 희박하고 기온이 낮다면 대기를 두껍게 만든 뒤 온실효과로 기온을 올리는 작업도 필요해요. 그런 다음 박테리아 같은 미생물을 정착시켜 생존 가능성을 살피면서 조류와 식물을 이식해 대기를 만들어야 인간을 비롯한 동물의 서식이 가능하게 될 거예요.

지금까지의 연구 결과로 보았을 때 테라포밍의 유력한 후보지는 화성이에요. 표면의 토양에 산화철이 많이 포함된 화성에서 살기에 가장 적합한 박테리아로 '크루토시다이옵시스'라는 종이 지목되기도 했어요. 이런 이끼 종자를 가득 담은 무인 로켓을 발사해 자체적으로 번식하여 배

출하는 산소로 인간이 호흡할 수 있는 대기로 만든다는 것이지요.

그렇다면 화성의 테라포밍이 성공할 수 있을까요? 과학자들은 화성 신세계의 가능성을 확인하기 위해 1991년 미국 애리조나주 투손 사막에 유리로 밀폐된 인공 지구 '바이오스피어2(Biosphere2)'를 만들었어요. 지구 생태계를 본떠 사막과 바다를 재현하고 박테리아가 서식할 수 있도록 했지요.

하지만 바이오스피어2에 들어간 8명의 남녀 과학자 부부는 2년을 버티지 못했어요. 박테리아가 서식하며 산소 농도가 줄어들고, 건물의 콘크리트 벽이 산소를 흡수해 버렸기 때문이지요. 결국 3,800여 종의 동식물이 멸종하고 연구자들은 밖으로 나왔어요. 인공 지구 바이오스피어2는 결국 관광지로 활용되고 있어요.

화성의 테라포밍이 상상 속의 연구에 머물지는 두고봐야겠네요.

맨 오브 스틸(Man Of Steel)

〈슈퍼맨〉 탄생 75주년을 기념하기 위한 영화이지만 슈퍼맨의 상징인 빨간 팬티가 등장하지 않아요. 크립톤 행성에서 반영을 일으킨 조드 장군은 "크립톤 행성이 파괴될 것을 알고 유사한 행성을 찾아왔다."고 말하지요. 그는 '월드 엔진'을 가동해 지구를 크립톤 행성처럼 바꾸려고 합니다. 우주선 2대가 뉴욕 도심과 그 반대편 지구에 착륙해 거대한 중력장을 만들어 내는 게 바로 그것이지요. 이때 미국 국방부의 지휘관은 "테라포밍이야."라고 말해요. 지구가 크립톤 행성이 되는 것입니다.

★ 미래뉴스 ★

세상을 보는 새로운 눈
생생한 상상 뉴스

2034-○○-○○

식물 광합성으로 전등 밝혀

다크틸대학의 연구자들이 식물의 광합성 과정에 관여하여 당분을 만드는 데 사용되는 전자를 끌어오는 일에 성공했다. 다시 말해 식물로부터 전기를 얻을 수 있는 길이 열렸다는 것이다.

광합성을 하는 동안 태양광은 식물에 의해 포획되고 물을 산소와 수소 분자로 분리시킨다. 이때 전자가 생성되는데 전자는 식물이 당분을 만드는 데에 사용된다. 연구자들은 틸라코이드라 불리는 식물 속의 구조를 분리시켰다. 이 물질은 태양광을 모으고 그 에너지를 저장하는 역할을 한다. 앞으로 틸라코이드는 나노 튜브를 이용하여 식물의 전자를 전선으로 보내는 데에도 활용할 예정이다.

대표적인 바이오매스인 목재 펠릿은 나무껍질, 톱밥, 나무 조각 등의 목재 폐기물을 펠릿으로 압축하여 만든 거예요.

6 생물 연료

맹물로 가는 자동차, 공기로 작동되는 전등처럼 에너지 문제를 획기적으로 해결할 방법이 있을까요? 화석 연료는 없어져 가고, 바람이나 태양을 이용한 재생 에너지는 아직 확실한 성과를 내지 못하고 있어요. 이런 가운데 에너지 문제의 해결사로 떠오르는 것이 생물 연료인 *바이오매스예요. 바이오매스 가운데 가장 많은 것은 식물 자원이에요. 화석 연료는 한 번 쓰면 없어지지만 바이오매스는 식물을 기르면 다시 얻을 수 있는 등 자연에서 손쉽게 구할 수 있어요.

> *바이오매스 : 생태계의 순환 과정에서 나오는 모든 유기체를 연료로 사용하는 것을 일컫는 말이에요. 곡물의 줄기, 부러진 나뭇가지, 동물의 배설물, 음식물 찌꺼기 같이 그동안 쓰레기로 여긴 것들이 지구를 살릴 에너지 자원으로 부활하는 것이지요.

바이오매스의 장점은 화석 연료와 달리 오염 물질을 거의 만들지 않는 거예요. 배설물이나 쓰레기 등이 탈 때에는 이산화탄소가 나오는데 오염 물질을 만들지 않는다니 이상하지요? 하지만 맞는 말이에요. 바이오매스인 죽은 나무나 나뭇잎 등을 태울 때 생기는 이산화탄소는 식물이 썩을 때 나오는 양과 차이가 없어 온실 가스를 추가로 만들지 않아요.

바이오매스를 가장 손쉽게 활용하는 방법은 직접 태워 열을 얻는 방법이에요. 그러나 바이오매스를 가공해 바이오 연료로 만들면 훨씬 폭넓게 이용할 수 있답니다. 특히 미생물을 이용하면 메탄올, 에탄올, 바이오 디젤유 등의 액체 연료와 수소, 메탄 같은 기체 연료를 만들 수 있어요. 해바라기, 대두, 유채, 폐식용유, 동물성 지방 등을 가공해 자동차나 난방에 활용하는 것이지요. 이미 독일, 스웨덴, 덴마크 같은 나라들은 동물의 배설물과 농작물을 재생이 가능한 에너지로 소중히 여겨요.

그러나 *개발도상국 대부분이 아직은 바이오매스를 직접 태우는 방식으로만 사용해요. 중국은 농촌 인구가 사용하는 총 에너지의 80퍼센트 이상을, 인도는 총 사용 에너지의 절반을 바이오매스가 해결해 줘요. 사막 지역의 유목민이나 목재를 구하기 힘든 일부 지역에서는 동물의 똥을 말려 연료로 사용하지요. 바이오매스는 그러한 모습을 현대적으로 만드는 것이라 할 수 있어요.

앞으로 바이오매스는 더욱 놀라운 모습을 보여 줄 거예요. *식물의 광합성을 활용해 태양 에너지를 모으고 메탄이나 수소 등의 에너지로 바꿀 수 있을 거예요. 이미 그러한 기술이 관심을 모으고 있기도 하잖아요. 바이오매스는 나무에서 전기를 얻고, 콩에서 맑고 깨끗한 석유를 뽑을 수 있는 무한한 가능성을 지니고 있답니다. 머지않아 식물이 발전소 구실을 하는 날이 오겠네요.

*개발도상국 : 산업의 근대화와 경제 개발이 선진국에 비해 뒤떨어진 가난한 나라들이에요. 제2차 세계 대전 후에 독립한 아시아, 아프리카, 중남미의 여러 나라가 이에 속해요.

*식물의 광합성 : 녹색 식물이 햇빛을 이용해 당과 그 외의 화합물을 만들어 내는 과정을 말해요. 햇빛이 좋은 날 단풍나무 한 그루가 하루에 2만 톤의 당을 만들어 낼 수 있다고 해요.

더 알아보기

태양 에너지

만일 지구에서 태양 에너지를 모을 수 있다면 에너지 문제는 쉽게 해결할 수 있어요. 한 시간 정도만 모으면 모든 인류가 사용할 1년치 에너지를 마련할 수 있으니까요. 그래서 태양 에너지를 모으는 기술을 개발하기 위해 애쓰고 있답니다. 가장 유망한 태양 에너지 이용 기술은 태양 에너지를 직접 화학적 연료로 바꾸는 인공 광합성이지요. 태양광을 자유롭게 흡수하고 전기 에너지로 바꾸는 시스템을 개발하면 문제는 쉽게 풀릴 텐데, 그게 쉬운 일이 아니라고 하네요.

Future

2034-○○-○○

★ 미래뉴스 ★

세상을 보는 새로운 눈
생생한 상상 뉴스

85 %

7 인조 석유

태양빛 모아 석탄을 물로

인조 석유가 진화하고 있다. 기존 석탄 액화 인조 석유는 이산화탄소를 일산화탄소로 만드는 과정에서 무려 2,400도의 고열이 필요했다. 이산화탄소를 쪼개려고 화석 연료를 태워야 하는 아이러니가 발생하는 셈이다. 이를 극복하는 기술을 미국 샌디아국립연구소에서 개발했다. 접시형 반사판으로 햇빛을 한 점에 모아 고온 상태를 만들어 이산화탄소를 일산화탄소로 변환하는 기술이다.

현재 사용되는 공정에서의 물 사용량을 절반으로 줄이는 기술은 이미 적용되고 있다. 기존의 간접 액화 방식은 대략 1.3킬로그램의 이산화탄소와 0.27킬로그램의 기름을 생산하는 데 1킬로그램의 물과 1킬로그램의 석탄이 사용되었다. 하지만 신기술 적용으로 이산화탄소 배출이 거의 없으면서 1킬로그램의 석탄당 0.5킬로그램 또는 그 이하의 물을 사용하면서도 석탄 액화 인조 석유를 얻을 수 있게 되었다.

석탄에서 뽑아낸 가스와 인조 석유는 진짜 석유보다 이산화황 배출량이 적어요.

7 인조 석유

*석탄은 1859년에 미국의 석유 회사가 석유를 뽑아 올리기 전까지 인류의 가장 중요한 에너지원이었어요. 그러나 석탄은 석유가 널리 쓰이자 대표 에너지원의 자리를 내주면서 급격하게 사용이 줄어들었지요. 그런데 석유와 천연가스의 편리함에 치이고 대기 오염 때문에 밀려나 있던 석탄이 '검은 황금'이라 불리며 되살아나고 있어요. 석탄이 석유로 탈바꿈할 수 있기 때문이에요. 석탄으로부터 석유를, 그것도 친환경적인 '인조 석유'를 만든다는 말이지요.

물론 우리가 바라는 완전한 친환경 재생 에너지는 아니에요. 다만 재생 에너지 개발이 더디게 이뤄지기에 석유를 대체할 수 있는 에너지로 석탄에 관심을 갖는 것이라 할 수 있어요. 석탄에도 여러 가지 장점이 있어요. 석탄은 전 세계 땅속에 묻혀 있는 양이 1조 톤으로 석유보다 훨씬 많아요. 또 석유는 앞으로 40여 년이 지나면 다 쓸 것으로 예측되는데, 석탄은 200년 이상 사용할 수 있어요. 무엇보다 석탄에서 뽑아낸 가스와 인조 석유는 진짜 석유보다 *이산화황 배출량이 훨씬 적답니다.

석탄으로 인조 석유를 만들어 내는 방법은 이미 1900년대 초에 개발됐어요. 석탄의 탄소와 공기 속 산소를 결합시켜 일산화탄소를 만들면 되는 쉬운 기술이니까요. 1913년에 독일 베르기우스가 석탄 액화 기술을 개발한 것을 시작으로, 각 나라의 석유 기업들이 돈을 벌려고 투자를 아끼지 않았지요. 하지만 석탄 액화 기술은 석유를 그냥 퍼 올리는 것에 비해 가격이

> *석탄 : 지질 시대의 식물이 쌓이거나 땅속에 묻힌 뒤 열과 압력의 작용을 받아 변질 생성된 흑갈색의 광물이에요. 이 물질을 태우면 열이 발생해 오랫동안 주요 에너지로 쓰였어요.
>
> *이산화황 : 황이나 황을 포함한 금속 화합물을 태울 때 생기는 기체예요. 색깔이 없고 자극적인 냄새가 나며 독이 있어요. 많은 나라에서 환경 오염을 막기 위해 이산화황 배출 총량을 정해 놓고 법으로 제한해요.

훨씬 비쌌어요.

또 당시 미국과 중동 지역에서 규모가 큰 유전이 발견되면서 관심 밖으로 밀려났어요. 값싸게 석유를 이용하면 그만인데 애써 석탄으로 인조 석유를 만들 까닭이 없었던 것이지요. 그러나 산업 발달과 함께 에너지를 더 많이 확보하기 위한 보이지 않는 전쟁이 벌어지면서 인조 석유가 다시 관심을 끄는 거예요.

현재 인조 석유 개발에 앞장서는 나라는 남아프리카 공화국이에요. 석유가 나지 않는 남아프리카 공화국의 기업 '사솔'(Sasol)은 1955년에 처음으로 석탄 액화 연료를 생산했고, 지금은 하루 평균 15만 *배럴을 생산해요. 사솔에서 생산하는 인조 석유는 일반 휘발유에 비해 이산화황을 35퍼센트나 적게 내보낸답니다. 어쩌면 우리나라도 겨우 이름만 유지하는 석탄 산업을 다시 일으켜야 할 날이 올지 몰라요.

*배럴 : '중간 부분이 부풀은 통'이라는 뜻인데 석유 부피를 재는 단위로 쓰여요. 원래 석유 50갤런을 나무통에 채워 팔려고 했는데 나무통이 깨져서 42갤런만 남았대요. 이때부터 석유 1배럴은 42갤런, 159리터를 뜻하게 되었답니다.

더 알아보기

석탄 액화 공정

거대한 탄전 지대인 세쿤다에 있는 사솔 공장에는 매일 100여만 톤의 석탄이 컨베이어 벨트를 통해 공장으로 옮겨진다고 해요. 석탄에서 가스를 추출하는 공정은 간단하지요. 30밀리미터 미만의 작은 알갱이로 만들어서 80여 대의 보일러에 넣고 산소와 수증기와 함께 가열하면 되거든요. 여기에서 나오는 가스에서 수은이나 황 등 불순물을 제거한 다음 액화 공정에 들어갑니다. 가스를 액체 상태로 만들려면 고압을 가하면 되지요. 이때 가스를 상온에서 액체 상태로 유지하게 만드는 게 사솔의 핵심 기술이자 노하우인 셈이지요.

 Future

★ 미래뉴스 ★

2034-○○-○○

세상을 보는 새로운 눈
생생한 상상 뉴스

8
연료 전지

화성 탐사 기술로 에너지 생산

이제 가정에 자체 발전소를 갖추고 필요한 양의 전력을 공급받는다. 우주 과학자 출신의 벤처 기업가 프로메테우스 박사가 설립한 '버그에너지'에서 개발한 소형 발전기는 전력선이 필요없이 자체 전력을 생산한다. 애당초 화성 탐사선에서 산소 공급용으로 사용할 발전기를 가정용 전력 생산기로 탈바꿈시킨 것이다. 버그에너지의 가정용 발전기는 전기 화학적 반응으로 산소와 연료가 만나서 전기를 만들어 내는 것이다. 개발 초기에는 폭발 위험이 있어 대중화에 어려움이 있었지만 지속적으로 기술을 개선하여 어디에 설치해도 안전하다는 사실을 입증했다. 만일 가정에서 쓰고 남는 전력이 있다면 전력선을 통해 외부에 판매할 수도 있다.

우리나라에서 만든 연료 전지 자동차 ix35. 기존 가솔린 내연 기관 대신 연료 전지를 이용한 차세대 친환경 자동차예요.

8 연료 전지

연료 전지 자동차라고 들어 봤나요? 겉모습은 일반 자동차와 다름없는데 일반 자동차와 달리 에너지를 연료 전지에서 얻는답니다. 연료 전지는 수소와 산소가 만나 물을 만드는 과정에서 전기가 만들어지는 것으로, 연료 전지 자동차는 이 전기의 힘으로 움직이지요. 연료 전지는 지구 온난화의 주범인 이산화탄소를 전혀 배출하지 않아요.

일반 자동차는 기름을 따로 넣어야 하지만 연료 전지는 다시 충전하지 않아도 되니까 매우 편리해요. 그렇지만 연료 전지를 자동차에 달려면 자동차의 엔진과 부속품을 연료 전지에 맞는 것으로 모두 바꾸는 등 많은 추가 장치들이 필요해요. 초기에는 아무나 탈 수 없는 고가의 차량이겠지요.

사실 연료 전지는 오래 전부터 연구된 기술이에요. 1838년에 영국의 물리학자 윌리엄 그로브가 물에 전기를 가하면 수소와 산소로 나누어지는 것을 본 뒤 거꾸로 수소와 산소가 화학 반응을 일으키면 전기가 만들어진다는 사실을 알아냈어요. 그러나 직접 전기를 만들어 내지는 못하다가 1950년대 후반에 우주 탐사 계획이 진행되면서 연료 전지 연구가 본격적으로 시작됐어요. 연료 전지는 1960년대의 *제미니 우주선*에 처음 쓰였어요. 우주인들이 우주선 밖으로 뿜어내는 수증기가 바로 연료 전지에서 에너지를 만들 때 나온 물을 사용하고 남은 찌꺼기랍니다.

연료 전지는 어떻게 생겼을까요? 내부에 전극이 두 개

*연료 전지 : 연료에 있는 화학 에너지가 반응을 통해 전기 에너지로 바뀌도록 하는 장치예요. 일반 자동차에 있는 배터리는 재충전을 해야 하지만 연료 전지는 다시 충전하지 않아도 돼요.

*제미니 우주선 : 미국의 우주 탐사 계획에 쓰인 2인승 우주선이에요. 특히 1965년에 발사된 제미니 5호는 세계 최초로 알칼리 연료 전지 엔진을 싣고 지구 궤도를 8일 동안 120회나 돌았답니다.

있는데 그 사이에 촉매 구실을 하는 게 샌드위치처럼 붙어 있어요. 이 장치에서 전기, 물, 열 등이 생겨나지요.

그럼 가정에서도 연료 전지를 사용할 수 있을까요? 물론이에요. 뒷마당이나 베란다에 연료 전지 발전기를 설치하고 천연가스를 넣으면 발전기가 작동해 전기를 만들어요. 연료 전지는 전기만 만들어 내는 게 아니에요. 전기를 생산할 때 발생하는 열로 집안의 난방과 온수까지도 해결할 수 있지요. 다만 설치 비용이 비싸기 때문에 아직까지는 널리 쓰이지 못해요. 그러나 집집마다 발전소를 세울 날이 멀지 않았어요.

연료 전지 발전기는 설치 비용이 비싼 것을 빼면 장점이 정말 많아요. 천연가스나 폐기물 가스 등 주변에 있는 물질을 연료로 사용할 수 있고, 전기를 만들 때 오염 물질도 거의 생기지 않지요. 연료 전지는 가정에 연료 전지 발전기로 설치되는 것보다 자동차용으로 먼저 쓰일 예정이에요. 이미 많은 회사가 연료 전지 자동차를 개발해서 선보이고 있지요.

아폴로 13호(Apollo 13)

우주로 가는 길은 매우 험하고 어려워요. 이 영화에서 아폴로 13호 우주선은 연료 전지용 산소 탱크에 문제가 생겨 전원이 끊기는 상황에 이르지요. 우주인들이 달에 착륙하지 못하고 우주 미아가 될 위기에 놓인 거예요. 우주인들은 이 어려움을 어떻게 이겨 낼까요? 우주선에서 효율 높은 에너지를 만들려면 어려움이 많아요. 1킬로그램의 무게를 우주로 올리는 데도 수천만 원이 들거든요. 이러한 비용을 최대한 줄이는 데 연료 전지가 큰 역할을 해요. 또 우주선에는 물을 따로 싣지 않고 연료 전지에서 에너지를 만들 때 나오는 물을 사용해요.

•••• Future 🛜

2034-○○-○○

★ 미래뉴스 ★

85 %

세상을 보는 새로운 눈
생생한 상상 뉴스

9 메탄 하이 드레이트

독도 해저는 거대 에너지원

경상북도 울릉군 독도 인근의 해저에서 불타는 얼음이라 불리는 메탄 하이드레이트에서 추출된 천연가스를 가스 저장선에 저장하는 데 성공했다. 그동안 일부 국가에서 메탄 하이드레이트에서 미세한 불꽃을 확인한 일은 있으나 파이프라인을 통해 선박에 저장할 만큼 막대한 양이 나온 것은 이번이 처음이다.

이번에 천연가스를 추출한 메탄 하이드레이트층은 1,000미터 해저의 지하 약 100미터에 자리잡은 것으로 알려졌다. 그동안 메탄 하이드레이트 기반 천연가스는 일반 천연가스에 견줘 경제성이 떨어지는 것으로 여겨졌다. 하지만 독도 인근의 메탄 하이드레이트층은 채굴에 적합한 환경에 양질의 가스층을 보유해 경제성도 있는 것으로 평가받는다.

메탄 하이드레이트가 가득 묻혀 있는 독도 부근

9 메탄 하이드레이트

메탄 하이드레이트는 바닷속 깊은 곳에 있는 '불타는 얼음'이에요. 메탄 하이드레이트는 바닷속 미생물이 썩어서 생긴 퇴적층에 메탄가스, 천연가스 등과 물이 높은 압력에 의해 얼어붙은 고체 연료라고 할 수 있어요. 다시 말하면 높은 압력과 낮은 온도에서 만들어진 메탄의 가스 분자가 물분자 속에 밀폐되어 있는 것이지요.

마치 아이스크림을 보관할 때 사용하는 드라이아이스와 비슷하게 보여요. 차이가 있다면 드라이아이스는 불에 타지 않지만 메탄 하이드레이트에 불을 붙이면 활활 타오른다는 거예요. 이것은 높은 압력과 낮은 기온 때문에 물 분자 안에 갇혀 있던 메탄가스가 나오며 연소되는 현상이에요.

대개 기체가 고체로 바뀌면 160~200배로 압축된다고 하니 메탄 하이드레이트 1리터에는 최대 200리터의 가스가 들어 있는 셈이에요. 메탄 하이드레이트 속에는 가스 체적의 170배에 해당하는 메탄가스가 함유되어 있어요. 메탄 하이드레이트는 미국 알래스카 주, 러시아의 시베리아, 극지방 등 추운 지역과 깊은 바닷속에 있어요. 이런 메탄 하이드레이트 전체의 양을 천연가스로 환산해 보면 현재 인류가 사용하는 에너지를 기준으로 500년이나 사용할 수 있는 양이랍니다.

메탄 하이드레이트는 매장량이 엄청나고 이산화탄소 발생량도 적은 맑고 깨끗한 에너지예요. 하지만 고체에서 가스를 분리하는 게 어렵기 때문에 실용화되기가 쉽지 않아요. 기술이 있더라도 비용이 많이 들지요. 게다가 메탄가스를 얻는 과정에서 자칫 메탄이 폭발한다면 심각한 환경오염을 일으키거나 생태계에 치명적인 위협이 될 수 있어요.

그렇다면 메탄 하이드레이트를 어떻게 이용해야 좋을까요? 이에 대한 해법은 놀랍게도 이산화탄소에서 나왔어요. 메탄가스와 분자 구조가 비슷한 이산화탄소를 메탄 하이드레이트 옆에 갖다 대면 얼음 속 메탄이 빠져나와 그 자리에 이산화탄소가 대신 들어가는 원리를 이용하는 거예요. 온실가스는 없애고 맑고 깨끗한 에너지를 얻는 획기적인 방법이지요.

더욱이 자동차가 배출하는 이산화탄소를 모을 수만 있다면 정말 이상적일 거예요. 하지만 안타깝게도 자동차에서 나오는 이산화탄소를 효과적으로 모을 방법이 아직은 없답니다.

지금 당장은 동해의 메탄 하이드레이트를 개발할 수는 없겠지만 우리나라 바다 밑에 미래의 에너지원이 그득하다는 게 정말 든든하지요? 석유 한 방울 나지 않는 에너지 빈곤에서 벗어나 국산 연료를 쓸 수 있을 테니까요.

최후의 카운트다운(The Final Countdown)

이 영화는 미국의 최신형 항공모함이 버뮤다 삼각지에서 실종되면서 전개돼요. 버뮤다 삼각지는 푸에르토리코 섬과 미국 플로리다주 마이애미와 버뮤다 지역을 잇는 삼각형의 해역이에요.

이곳은 지나가던 배나 비행기가 가끔 흔적조차 없이 사라져 '마의 해협'이라 불리기도 해요. 그런데 '마의 해협'이라는 별명이 메탄 하이드레이트에서 비롯됐을 가능성도 있어요. 바다 온도가 높아지면서 깊은 바다 밑에 묻힌 메탄가스가 뿜어져 나올 때 해수면의 부력이 낮아져 선박들이 침몰할 수 있다는 거예요. 실제로 버뮤다 삼각지에서 거대한 양의 메탄 하이드레이트가 발견되기도 했어요.

미래뉴스

10 수소 경제

수소 생산국, 국제기구 결성

북반구의 얼음나라 아이슬란드가 '수소생산국기구(HYPEC)' 수장국으로 선출되었다. 수소생산국기구는 중동 중심의 석유수출국기구(OPEC)가 쇠퇴하는 상황에서 막강한 영향력을 행사할 기구로 여겨진다. 지난 1999년 세계에서 처음으로 국가의 모든 에너지를 수소로 충당한다는 '2040 수소 사회' 프로젝트를 내놓은 지 40년 만의 결실이다.

사실 아이슬란드가 수소 경제의 중심국으로 떠오르기까지 우여곡절도 많았다. 30여 년 전에는 세계적 금융 위기 여파로 국가가 파산할 정도로 경제적 위기를 겪기도 했다. 그러나 차츰 위기를 벗어나면서 재생 에너지 부국이라는 특성을 십분 발휘해 수소 경제 건설에 총력을 기울였다. 아이슬란드가 화석 연료의 마지막을 알리는 구실을 할 것인지 궁금하다.

지열이 풍부한 아이슬란드는 지열 발전 분야에 있어 세계적인 수준의 기술을 보유하고 있어요.

10 수소 경제

　북대서양 노르웨이와 그린란드 사이에 자리 잡은 섬나라 아이슬란드는 에너지 대국을 꿈꾸는 나라예요. 석유 한 방울 나오지 않는 아이슬란드가 어떻게 에너지 대국을 꿈꿀 수 있을까요? 그 해답은 바로 '수소'에 있답니다. 아이슬란드는 석유에 기대는 경제를 수소 중심으로 바꿔 수소 부자 나라가 되려고 해요.

　아이슬란드는 풍부한 *지열이나 수력으로 수소를 만들어 다른 나라에 수출할 계획도 가지고 있어요. 풍부한 지하자원이 석유 종말의 시대를 맞아 새롭게 경제를 일으킬 유력한 수단이 되는 셈이지요. 물론 수소가 경제를 움직이기까지는 오랜 시간이 걸릴 거예요. 지금까지는 화석 연료보다 경제성이 떨어지기 때문이지요.

　지금 아이슬란드는 온실가스를 전혀 배출하지 않으려고 해요. 화산과 온천이 많은 나라이다 보니 지열 에너지를 얼마든지 활용할 수 있거든요. 여러 지열 발전소에서는 수백 메가와트급의 전력을 생산하고, 수십 킬로미터에 이르는 파이프라인으로 94도 안팎의 뜨거운 물을 공급해요. 또 거대한 수력 발전소에서 나오는 에너지로 수소도 만들 수 있지요.

　그런데 아직은 수소를 활용할 곳이 많지 않아요. 수소 연료를 쓸 자동차가 많지 않기 때문이에요. 그래서 이 나라가 기다리는 게 바로 수소 연료 자동차의 활용이에요. 자동차, 배 등이 수소를 연료로 하면 수증기만 배출하고 매연은 내보내지 않아 환경을 지킬 미래의 에너지로 각광받는 것이지요. 지금은 수소 자동차 한 대를 만들려면 적어도 약 10억 원 이상

> *지열 : 지구 안에서 만들어진 열이 지표면 위로 나오는 거예요. 지열은 화산 지역에서 특히 높게 나타나요. 지열을 써서 전기를 만들 수 있으며, 직접 물을 데우거나 난방을 하는 데에도 써요.

이 들어요. 또 한 번 충전으로 200킬로미터도 못 간다고 해요.

그런데 수소를 자동차에 싣는 것이 그렇게 어려운 일일까요? 무엇보다 폭발성이 강한 수소를 안전하게 저장할 방법을 찾는 게 중요해요. 수소를 기체 상태 그대로 저장하려면 아주 큰 고압 *실린더가 필요해요. 반면에 공간을 덜 차지하는 액체로 만들려면 영하 253도 아래로 냉각시켜야 하는데 수소 액체를 저장할 금속 장치의 무게만 300킬로그램이 넘어요. 수소를 폭발할 위험이 없이 안전하게 차에 실어야 하는 것이 어려움이지요.

*실린더 : 증기 기관, 내연 기관, 펌프 등에서 피스톤이 왕복 운동을 하는 속이 빈 원통 모양의 장치예요. 피스톤은 실린더 속에서 연소 가스의 압력에 의해 빠른 속도로 왕복 운동을 해 에너지를 만들어요.

그러나 수소가 오염이 없는 미래 에너지 산업의 중심이 될 것은 틀림없을 거예요. 이를 위해선 수소라는 말만 떠올리면 '수소 폭탄'이 떠오르는 고정 관념에서 벗어나는 것도 필요해요. 얼마든지 수소를 유용하게 활용할 수 있으니까요. 모르면 무섭지만 알면 쉬운 것들이 많잖아요. 수소도 알면 친하게 지낼 수 있겠지요.

수소 자동차

수소는 연소하면서 매우 적은 양의 질소산화물만을 발생시키는 청정 에너지원이에요. 또한 수소는 지구상에 존재하는 거의 무한한 양의 물을 원료로 만들어 내며, 사용 후에는 다시 물로 재순환되기 때문에 고갈될 걱정이 없는 무한 에너지원이라 할 수 있어요. 수소를 자동차 연료로 사용하면 맹물로 가는 차라 해도 틀린 말은 아니지요. 하지만 수소를 액화하거나 저장 탱크를 만드는 게 쉬운 일이 아니에요. 그런 문제만 해결된다면 수소 자동차는 최후의 자동차로 손색이 없을 거예요.

Future

2034-○○-○○

★ 미래뉴스 ★

세상을 보는 새로운 눈
생생한 상상 뉴스

11 인공 태양

핵융합 실험로는 '에너지 해결사'?

꿈의 에너지로 불리는 핵융합 에너지 개발을 위한 핵융합 실험로가 완성되었다. 이번에 완성된 핵융합 실험로는 중수소와 삼중수소를 연료를 사용해 초고온의 플라스마를 생성하여 자기장을 활용해 가두는 장치로, 태양처럼 핵융합 반응이 일어나는 환경을 재현하게 된다. 앞으로 핵융합 실험로가 성과를 거두면 인공 태양이 지구 에너지 문제를 해결할 것으로 전망된다.

인공 태양은 핵융합을 하여 바닷물 1리터로 휘발유 300리터에 해당하는 에너지를 얻을 수 있다. 핵융합이 실용화된다고 해서 공짜로 쓸 수 있는 전기 에너지가 무한정 생기는 것은 아니다. 플라스마를 생성하는 데 적지 않은 에너지가 소모되기 때문이다. 또한 지속적으로 높은 효율을 유지하는 핵융합로를 운용해야 하는 문제도 해결해야 할 과제이다.

원자력발전소. 원자로의 핵에너지를 이용해 만든 열을 가지고 발전을 하는 발전 양식이에요.

11 인공 태양

별이 반짝반짝 빛나는 이유가 무엇일까요? 바로 핵융합 과정에서 발생하는 핵에너지 때문이에요. 별들의 실체는 한마디로 말해 핵융합 발전소라고 할 수 있어요. 수소로 이루어진 거대한 가스 덩어리가 높은 열을 받아 헬륨으로 변하는 핵융합이 끊임없이 계속되는 것이지요. 그런 우주의 핵융합을 지구에서 실현하려는 게 인공 태양의 건설이에요. 태양이 1초 동안 만들어 내는 에너지는 숫자로 헤아리기도 힘들어요. 그 에너지 양은 지구의 모든 발전 용량보다 무려 1조 배나 많은 양이거든요.

수소가 어떻게 막강한 에너지로 다시 탄생할까요? 아인슈타인은 "우주를 구성하는 모든 물질은 에너지 덩어리로, 어떤 물질이든 그 질량 자체가 에너지로 바뀔 수 있다."고 했어요. 여기에서 핵에너지가 나와요. 자연적 또는 인공적인 핵반응을 일으켜 반응 전과 후에 나타나는 질량 차이에 의해 만들어지는 에너지를 핵에너지라고 하지요.

핵분열은 무거운 원소의 핵을 쪼개어 그보다 가벼운 물질로 바꿀 때 생기는 만큼을 에너지로 만드는 것을 말해요. 원자력 발전소가 핵분열을 이용하지요. 핵융합은 가벼운 원자핵들이 모여 무거운 원자핵을 만들면서 에너지를 내는 과정이에요. 세상에서 가장 가벼운 원자인 수소 원자핵 4개가 모여 1개의 헬륨 원자핵을 만드는 융합 과정에서 줄어든 질량만큼 에너지로 바뀌는 것이 핵융합 에너지예요.

핵융합 에너지는 기존의 에너지원들이 갖는 문제를 해결할 수 있기 때문에 주목받고 있어요. 핵융합 에너지는 무엇보다 원료를 쉽게 얻을 수 있으며 고갈될 염려도 없어요. 핵융합 에너지의 연료인 *중수소가 바닷물에 들어 있기 때문이지요. 핵융합이 이뤄지면 바닷물에 들어 있는 중수소 연료 1그램으로 석유 8톤에 해당하는 에너지를 얻을 수 있다고 하니 정말 놀랍지요. 게다가 핵융합 에너지는 환경 오염 물질을 전혀 배출하지 않는 '꿈의 에너지'예요.

> *중수소 : 수소와 원자 번호는 같으나 질량수가 다른 원소예요. 화학적 성질은 수소와 같지요. 중수소의 핵은 하나의 양성자와 하나의 중성자로 이뤄져 있는데 보통 수소 핵 질량의 2배 정도로 무거워요.

하지만 핵융합 반응을 인공적으로 일으키는 데 필요한 조건이 너무나 까다로워요. 핵융합 반응을 인공적으로 일으키려면 중수소와 삼중수소를 원료로 사용하는데, 이 원료들을 가열하는 데 필요한 온도가 1억 도나 된답니다. 지구상에서 사람의 힘으로 그만한 온도를 내고 유지하기는 아직까지 불가능해요. 그래서 지금은 실험실 수준의 에너지를 만드는 데 머물고 있어요.

스파이더맨 2 (Spider-man 2)

유전자 조작 거미에 물린 스파이더맨이 지구의 자원 지킴이로 활약해요. 이 영화를 보면 미래의 에너지로 떠오르는 핵융합 에너지를 실감할 수 있어요. 〈스파이더맨 2〉에서 악당 닥터 옥터퍼스는 스파이더맨을 없애는 대가로 이름도 낯선 '트리튬(삼중수소)'을 요구해요. 삼중수소는 핵융합 발전에 필요한 물질로 질량이 수소보다 3배나 무거운 방사선 물질이에요. 이것이 태양에서 일어나는 수소의 핵융합 현상을 지구상에서 재현할 것으로 기대를 모으고 있어요.

2034-○○-○○

김아니 기자의
사건으로 보는 미래 과학

 원자력 수소

빌 게이츠,
꿈의 원자로 개발에 뛰어들다!

"환경, 경제, 에너지 문제를 해결할 유력한 대안은 수소다."

빌 게이츠 마이크로소프트 창업자는 2008년 4세대 원자로 개발을 목표로 에너지 벤처기업 테라파워(Terra Power)를 설립했다. 그가 원자로 개발에 뛰어든 이유는 가난한 나라의 에너지 문제를 해결하기 위해서라고 한다. 그는 2013년 4월 한국을 방문해서 차세대 원자로 개발 분야에서 협력하고 싶다는 의사를 밝혔다. 이른바 '원자력 수소'를 만들어 내는 '꿈의 원자로'를 한국과 함께 개발하려는 것이다. 'MS 제국' 설립자에서 원자력 전도사로 변신한 빌 게이츠로부터 원자력이 수소 경제를 주도할 것인지에 대해 들어 보도록 하자.

위험한 신화는 끝!
-빌 게이츠-

아마도 많은 사람들이 나의 변신에 대해 놀랐을 거예요. 내가 원자력 기술에 관심을 기울이다니 말이에요. 하지만 나로선 자연스러운 선택이었어요. 아내의 이름을 따 설립한 '빌 앤드 멜린다 게이츠 재단'은 저개발국의 빈곤과 기아, 환경 등의 문제를 해결하려고 해요. 그런데 에너지 문제가 해결되지 않고는 어느 것 하나 제대로 풀 수 없겠더라고요.
아이슬란드에서 '수소 경제'라는 용어를 사용할 때부터 관심이 있었어요. 수소가 환경, 경제, 에너지라는 세 문제를 해결할 유력한 대안이라는 데 공감했거든요. 만일 수소를 저렴하게 생산하지 못하면 누구나 수소 자동차를 탈 수 없잖아요. 천연가스나 석유 등 화석 연료로 전기를 생산해 물을 전기 분해하면 원래 에너지마저 비효율적으로 사용하는 것 아니겠어요?
다행히도 기존의 원자력을 이용하면 수소를 효율적으로 생산할 수 있다고 해요. 원자력 발전소에서 생산하는 잉여 전기를 이용해 수소를 생산하거나, 버려지는 폐열로

환경·에너지 과학 이야기

> "수소를 저렴하게 생산해야 하는데, 기존의 원자력을 사용하면 수소를 효율적으로 생산할 수 있어요."

증기에서 수소를 추출할 수도 있다고 해요. 폐열은 온도가 그리 높지 않아 물의 전기 분해가 더디게 이뤄진다는 단점이 극복되어야 하겠지만요.

기존의 원자로는 '사용 후 핵연료'를 다량으로 배출해요. 여기에는 제논, 세슘, 플루토늄 같은 치명적 방사능 물질이 들어 있어요. 게다가 사용 후 핵연료는 재처리를 통해 핵무기 원료로도 사용될 수 있어요. 컴퓨터로 신화를 만든 내가 핵무기 재료를 공급할 수는 없잖아요. 그래서 사용 후 핵연료를 거의 배출하지 않고 원자력의 원료 물질을 효율적으로 사용하는 4세대 원자력 시스템을 개발하려고 해요. 핵연료로 저농축 우라늄이나 소듐 등을 사용하면 방사성 폐기물 처분량도 크게 줄고, 관리 기간은 무려 1,000분의 1로 단축되지요.

테라파워가 개발 중인 원자로는 이른바 '진행파 원자로'로 불려요. 저농축 우라늄을 노심에 장전해 장기간 증식을 통해 핵분열 반응을 지속하는 방식이에요. 한번 핵연료를 장전하면 5~15년간 연료 교체를 하지 않아도 되지요. 한국에서 개발하고 있는 소듐냉각고속로는 연료만 다를 뿐 시스템은 비슷해서 한국과 손잡으려는 거예요.

이것이 실용화되기까지는 적지 않은 시간이 걸릴 거예요. 하지만 기존 원자력의 위험성을 크게 줄일 수 있으니까 연구를 하는 것만으로도 의미가 있겠지요.

그동안 원자력은 저평가 받았는지도 몰라요. 우라늄 1킬로그램이 석유 1만 배럴에 해당할 정도로 효율성이 높은 에너지원이면서도 '핵'이라는 위험성이 도사리고 있기 때문이지요. 하지만 이제 그런 위험한 신화가 깨질 거예요. 차세대 원자로가 수소 경제의 관문을 확실하게 열게 될 것이니까요.

가공 폐기물로부터 회수된 고농축 우라늄 판

사진 출처

연합뉴스, Photos, Wikimedia commons (Stevenfruitsmaak, James Gathany, Lindsay Eyink, Universal Studios, Nissim Benvenisty, MONGO, Helmut Januschka, Enramada, Antonio, JNakashima, TimVickers, nikky, Netito777, MultipleParent, Momotarou2012, FZI Forschungszentrum Informatik Karlsruhe – Abteilung IDS, Jastrow, LotPro Cars, Nimur, Senior Airman Joshua Strang, Intel Free Press, James R Pearson, Benh LIEU SONG, 박경수, Kuebi, Windell Oskay, B. SimpsonCairocamels, Tedeytan, Loic Le Meur, Luis Villa del Campo, Jan Prucha, Maschinenjunge, Grika, Mimigu, Karen Mardahl, R. Jason Brunson, Frederic Guimont, Global Access Point, Pierre-alain dorange, Brocken Inaglory, Andre Deak, Rama, Christian Jansky, Shimada, K. Sept. 20, 2010 Arizona, USA, Amaza, Nostrifikator, Overlaet, Andreas Tille, United States Department of Energy, World Economic Forum)

- 이 책에 실린 사진은 저작권자의 허락을 받아 게재한 것입니다.
- 저작권자를 찾지 못해 게재 허락을 받지 못한 일부 사진은 저작권자가 확인되는 대로 게재 허락을 받고 통상 기준에 따라 사용료를 지불하겠습니다.

찾아보기

ㄱ

개발도상국 173
게놈 19
곤충 로봇 66
공기 역학 83
기억 개선 34

ㄴ

나노 기술 78
나노미터 79
냉동 인간 50
네오기관 49
노화 방지 38
녹색 직업 165
뇌-기계 인터페이스 기술 134
뇌사 49

ㄷ

대량 멸종 154
돌리 55
동결 동물원 159
DNA 19
DNA 치료 18
디지털 도청 146

ㄹ

로봇 3원칙 65

ㅁ

맞춤형 아기 58
메탄 하이드레이트 182
면역 25
면역계 47
무균실 47
무인 자동차 102
무인 후송차 87
미생물 75

ㅂ

바이오매스 171
바이오센서 74
배아 31
백신 23, 25
복제 55
빅 브러더 146

ㅅ

사막화 163
사이버 전쟁 142
사이보그 70
생물 무기 77
생물 복원 158
생물 연료 170
생태계 질서 27
석탄 175
수소 경제 186
스너피 55
식물의 광합성 173
스마트 더스트 130
스마트홈 122
스카이 카 82
3D 프린팅 94
식품 백신 22
신체 나이 39
실리콘 75

ㅇ

아시모 63
RFID 127
RNA 21
액정 113
연료 전지 178
열대 우림 155
온실 가스 151
우주여행 98
원격 로봇 86

원자력 수소 194
유기농 29
유비쿼터스 127
유비쿼터스시티 125
유전자 15
유전자 재조합 25
이산화황 175
이종 이식 47
이종 장기 46
인간 복제 54
인간-컴퓨터 상호작용 137
인공 강우 162
인공 자궁 14
인공 지능 63, 83, 118
인공 태양 190
인공 혈액 42
인수 공통 감염 병 49
인조 석유 174
인터페이스 139
입는 컴퓨터 115

ㅈ

적혈구 43
전자 사회 126
전자 섬유 114
전자 종이 106
정보 의류 115
정지 궤도 99
제미니 우주선 179
종 155
줄기세포 30
증강 현실 141
지각 컴퓨팅 138
지구 온난화 150
GMO 식품 26
지열 187

ㅊ

천적 67
첨단 유리 110
치매 35

ㅋ

큐리오시티 69

ㅌ

탄소 나노튜브 101
태양 에너지 173
테라포밍 166
텔로미어 39

ㅍ

파피루스 109
펄프 107
프랑켄푸드 29
플라스마 90
PDP 텔레비전 91

ㅎ

항체 23
해류 순환 153
핵 이식 159
핵티비즘 145
헤모글로빈 43
혈액 순환 35
혈액형 45
혈우병 43
효소 41
휴먼 로봇 62
휴보 63

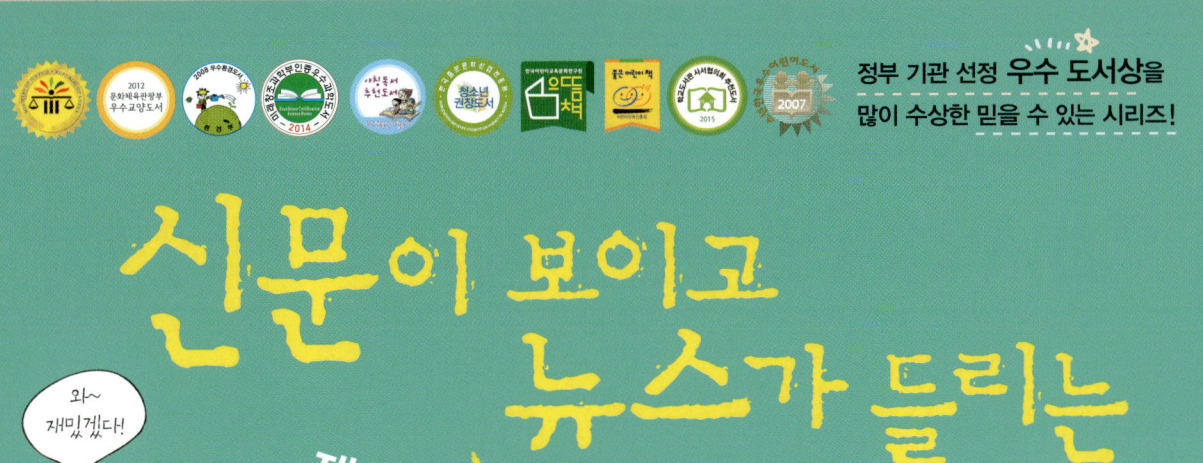

신문이 보이고 뉴스가 들리는 재미있는 이야기 시리즈

와~ 재밌겠다!

전 과목 교과학습, 시사상식, 논술대비까지 해결하는 통합교과학습서!

전 과목 교과 지식과 함께 다양한 사회·세계 이슈를 소개하고, 이해하기 쉽게 설명합니다.
서술형 시험과 구술, 논술 시험에 필요한 배경 지식을 쌓고 통합 사고력을 키울 수 있습니다.

정부 기관 선정 우수 도서상을 많이 수상한 믿을 수 있는 시리즈!

전 41권 | 각 권 12,000원

'환경부 우수환경도서' 선정 | '미래창조과학부 우수과학도서' 선정 | '법무부 추천 도서' 선정 | '문화체육관광부 우수교양도서' 선정
'아침독서 추천 도서' 선정 | '어린이문화진흥회 좋은 어린이책' 선정 | '소년한국 우수어린이도서' 선정 | '학교도서관 사서협의회 추천 도서' 선정
'한국출판문화산업진흥원 청소년 권장도서' 선정 | '한국어린이교육문화연구원 으뜸책' 선정

사회와 추리의 만남
모든 사건의 열쇠는 사회 교과서에 있다!

〈어린이 과학 형사대 CSI〉를 잇는 또 하나의 시리즈, 새로운 인물과 더욱 흥미진진해진 사건으로 탄생한 '어린이 사회 형사대 CSI'의 이야기!

다섯 친구들이 펼치는
좌충우돌 형사 학교 이야기.

이제부터 사회 CSI와 함께 흥미진진한 사건들을 해결해 보자!

사회 형사대 CSI 시즌 1 완간!

❶ CSI, 탄생의 비밀 ❷ CSI, 힘겨운 시작 ❸ CSI에 도전하다 ❹ CSI, 파란만장 적응기
❺ CSI, 위기에 처하다 ❻ CSI, 경찰서 실습을 가다 ❼ CSI, 영국에 가다
❽ CSI, 정치 사건을 해결하다 ❾ CSI, 멋진 친구들! ❿ CSI, 새로운 시작!